오후에 뜨는 무지개

김미자 시집

문학공원 시선 276

오후에 뜨는 무지개

김미자 시집

문학공원

⟨자서⟩
너는

내 작은 민들레, 제비꽃, 채송화, 나팔꽃아
너는 나에게
새봄의 환희를 가져다주었지
내 귀한 병아리, 나비, 토끼, 종달새야
너는 나에게
내가 누린 사랑을 되찾아주었지

너를 안는 순간 나는 아기가 되어
엄마에게 다시 안겨보았지
아빠에게도 다시 안겨보고
할머니 너른 품에도 안겨보았지
내가 받은 모든 사랑에
깊이깊이 잠겨들었지

아가야, 내 뽀시래기, 쪼꼬미야
이 모든 사랑 너에게 준다
내가 받은 사랑, 내가 누린 사랑이
다시금 샘솟아 흘러넘치는
가없는 사랑 너에게 준다
언제까지라도 너는
내 병아리, 나의 종달새니까

지안이 덕분에 웃고 또 웃었습니다. 가끔 뭉클뭉클한 순간을 기록했습니다. 아기 병아리, 작은 종달새가 눈짓 손짓 몸짓으로 노래하고 춤추며 짓는 시를 받아썼습니다. 그런데 겨우 요만큼입니다. 턱없이 부족하고 아쉽지만 지난 8년 동안의 추억을 여기에 저장합니다.

지금도 진행 중인 제 오후의 시간에 초대합니다. 밝은 햇살 사이로 무지개가 뜨는 순간순간을 가족과 스승님들, 다정한 벗님들과 나누고 싶습니다. 함께해주십시오. 베풀어주신 모든 배려와 따스한 눈길, 넉넉한 사랑에 감사의 마음을 드립니다.

2025년 11월 어느 무지개 뜨는 오후에

김 미 자 드림

〈추천사〉
쌍무지개 뜨는 날들의 아름다운 소망

노 유 섭(시인, 국제PEN한국본부 부이사장)

　김미자 시인의 시집 『그 겨울밤, 청량리행 기차를 타고』에 이는 두 번째 시집 『오후에 뜨는 무지개』 출간을 축하드린다. 이 시집은 여느 시집과 다른 특색 있는 시집이라 할 것이다. 시인의 가족 · 가정 그중에서도 손녀에 대한 시집이기 때문이다. 얼마나 그 사랑이 깊었으면 한 권의 시집으로 엮고도 남을 만큼의 시를 쓸 수 있었을까.
　폴 마이어(Paul J. Meyer)는 '목표설정의 역학(Dynamics of Personnel Goal Setting)'이란 프로그램에서 인생에서 중요한 6대 분야를 이야기하는데 그중에서 가족 · 가정 분야를 맨 먼저 이야기하고 있다. 이는 인생의 중요한 6대 분야 중에서 가장 근본이고 뼈대를 이루는 것 중 하나로 가족 · 가정 그리고 신체 · 건강을 바탕으로 사회 · 문화, 재정 · 직업, 정 · 윤리, 지성 · 교육과 같은 다른 분야가 잘 이루어질 수 있음을 말한다. 우리말에도 '가화만사성(家和萬事成)'이라는 말이 있지 않은가.

이 시집에서 말하는 화목은 그 범위가 집안 전체라기보다는 특정 인물 곧 손녀에 초점을 맞추고 있다는 점에서 차별화되고 있기는 하다.

직장생활을 하는 딸 내외를 대신하여 혹은 보조하여 태어나면서부터 지금까지(현재 초등학교 2학년) 지극정성으로 보살피면서 그 애환을 엮고 있는 이 시집에서 우리는 자녀 사랑에서 나아가 자녀 사랑에서 느끼지 못했던 손주 사랑의 넓이와 깊이, 그 고뇌를 엿볼 수 있겠다.

(전략)

우다다다 네가 달려와 안기면
하늘 채우며 뜨는
쌍무지개
빨주노초파남보
새뜻한 빛으로
네 생의 미래를 색칠한다
보남파초노주빨 보드레한 붓질로
내 생의 오후를 향기로 물들인다

날마다 뜨는 무지개
덥석 껴안고
둥개둥개 무량한 사랑을
춤춘다

– 「오후에 뜨는 무지개」 중에서

이 시는 손녀 지안이가 어느 정도 성장하여 어린이집에, 유치원에 가고 다시 초등학교에 다니면서 오후에 학교에서 돌아오는 손녀를 맞는 광경을 그린 시다. 화자(시인)는 손녀를 맞는 그 오후를 '하늘'을 '채우며' 무지개 아니 '쌍무지개'가 뜨는 오후라 하였다. '빨주노초파남보 새뜻한 빛으로' 피어나는 그 무지개는 손녀 지안이가 앞으로 나아갈 미래를 밝혀주는 꿈과 희망의 무지개다. 하지만 또 하나 '보남파초노주빨'의 2차 무지개, 색의 순서가 반대로 피어나는 쌍무지개는 화자 자신의 무지개이다. 인생 후반기 시인 자신에게도 무지개가 뜬다는 것이다. 이는 곧 손녀에게 떠오르는 무지개는 자신에게도 떠오르는 무지개라는 것이다. 이는 손녀를 돌보는 일이 어렵고 힘든 일만은 아닌, 자신에게도 잊고 있었던 무지개꿈과 소망을 일깨우는 소중한 일이었음을 자각하게 한다. 하여 손녀와 자신이 동일체가 되어 어린 손녀의 미래의 꿈속에서 자신의 인생 후반기의 꿈을 예감하는 것이다. 이는 곧 손녀의 미래이자 자신이 가야 할 미래인 것이다. 그러한 현재를 최선을 다해 살아내면서 바라보는 미래의 꿈과 소망이 아름답다.

또 한 편의 시를 보기로 한다.

하무니 머리카락이 모두 하얘지면
무섭고 싫겠지만

지안이가 염색해준단다

(중략)

운전 배워서
노들섬, 박물관에 데려가고
아프거나 다치면
병원에도 데려다줄 건데
지금은 세 살이라 못한다며
새끼손가락 걸고 엄지 도장 찍고
손바닥 복사에 사인도 한다

공수표면 어때
부도수표면 어때
내 입이 귀에 걸린 지
이미 오랜걸

-「어마어마한 약속」 중에서

  이 시에서도 보듯이 이러한 수고와 노력은 결코 헛되지 않음을 보여준다. 무언가를 보답해줄 수 없는 세 살짜리가 하는 그 말 속에 이미 그 보답은 다 들어있다 할 것이다. 그 말이 '공수표'일지라도 지금 이 순간 화자는 그 수고에 대한 보답을 은혜로운 말로써 받고 있는 것이다. 자녀를 키우는 일이 힘들지만, 그 자녀가 주는 조그만 말과 애정어린 행동 속에서 부모는, 양육자는 이미 큰 선물을 받고 있는 것이다. 요즘 결혼을 하려 하지 않고 결혼을 해도 자녀를 낳지 않으려는 세태에 비추어 볼 때 되새겨볼 만한 대목이다.

 이 시집을 읽는 독자들께서도 태어나면서부터 초등학교 2학년까지 한 핏줄을 오직 사랑으로 바라본 시인의 눈과 손녀의 반응, 그 동심의 세계 속에서 사람의 향기와 그 향기가 내뿜는 삶의 기쁨, 꿈과 비전을 함께 누려 볼 수 있기를 기대한다.

시집 『오후에 뜨는 무지개』를 읽고

기 나 영

안녕하세요, 저는 지안이의 엄마이며 본 시집 저자의 둘째 딸 기나영입니다.

어머니께서 원고꾸러미를 주시며 소감을 부탁하셨을 때 '내가 무엇을 쓸 수 있을까' 걱정했습니다. 그러나 지안이를 향한 사랑이 가득 담긴 시 77편을 읽으며, 저희 가족이 함께 만들어 온 모든 시간이 스쳐갔습니다. 이 시들이 탄생한 매 순간을 함께한 딸로서, 그 추억을 조금 전해드릴까 합니다.

가장 먼저 눈에 들어온 것은 쑥쑥이(지안이의 태명)가 태어나기 전에 쓰신 시였습니다. 지안이는 우리 가족 모두가 간절히 기다린 귀한 손님이었어요. 저희 부부는 아이를 오래 기다렸는데, 부모님들은 티도 내지 못하고 얼마나 가슴을 졸이셨을까요. 마침내 쑥쑥이가 온다는 소식에 또 얼마나 기쁘셨을까요. 지안이가 태어났을 때 엄마가 축하 카드에 첫 시 '아가야, 너는'을 적어 주셨던 기억이 나네요. 새로 온 우리 아기에게 세상의 모든 꽃들을 보내는 할머니의 마음이 너무 향기로워 뭉클했습니다.

한편 '애착인형 잠잠이'에 나오는 잠잠이는 제가 만들려고 DIY 키트(직접 만드는 인형) 재료를 샀던 것입니다. 임신이 된 기쁨에 살짝 들떠서 엉망인 제 바느질 솜씨는 까맣게 잊었지요. 애착인형을 만들며 아기를 기다리면 태교가 된다기에 덥석 사긴 했지만 열의도 재능도 없는 저는 그걸 외면했죠.

시간이 지나 쑥쑥이를 만날 때가 가까워지자 마음이 급해져서 늘 그랬던 대로 엄마에게 SOS를 쳤어요. 안 그래도 바쁜 엄마는 어이없어하셨지만, 며칠 후 저에게 완성된 잠잠이 사진을 보내주셨어요. 한 땀 한 땀 바느질하며 쑥쑥이에 대한 사랑을 얼마나 키우셨을까요. 생각해보니 배냇저고리 키트도 엄마에게 보냈었네요. 게으른 딸 덕분에 저희 엄마는 손녀의 손싸개, 발싸개까지 곱게 만드시며 태교를 대신 해주셨지요.

우리 쑥쑥이는 태어나자마자 할머니께서 만들어주신 배냇저고리, 손싸개, 발싸개를 하고 잠잠이 곁에 누웠죠. 그 배냇저고리는 제가 잘 보관하고 있어요. 나중에 지안이가 스무 살 되면 "온 가족이 너를 이렇게 기다렸단다." 하며 알려주려고요. 특히 할머니가요! 하지만 모든 가족이 저를 사랑한다는 것은 우리 지안이가 이미 잘 알고 있는 것 같아요.

엄마의 깊은 사랑은 또 다른 시 「그 약속」을 통해 제가 새롭게 확인한 사실로 이어집니다. 지안이는 이미 할머니께 「증손녀 돌봄」을 약속받은 것입니다. 엄마!

건강하게, 오래오래 우리와 함께 있어주세요. 마흔이 넘었지만 저는 바느질 솜씨는 형편없고 시를 쓰는 재주도 없답니다. 아마도 제 손주를 위한 애착인형 제작과 시 짓기는 또다시 엄마의 몫이 될 것 같네요.

끝으로 지안이와 함께한 엄마의 일상입니다. 육아로부터 오는 진한 피로도 당연히 있었겠지만, 손녀에게서 받는 순수한 위로와 사랑이 있어 다행이라는 생각도 들었습니다. 제가 은근히 집에서는 무뚝뚝하여 감사의 마음을 잘 표현하지 못하는데, 저 대신 우리 귀염둥이가 효도를 다 하고 있는 것 같기도 합니다.

손녀를 향한 마음을 이렇게 한 편 또 한 편, 시로 남겨주신 엄마의 깊은 사랑에 진심으로 감동하였습니다. 시집을 읽으며 알게 된 것은 저희가 오랫동안 기다렸던 지안이는 태어날 때부터 할머니의 세상 전부였고, 그 하루하루의 성장이 제 어머니에게 그 어떤 문학적 장치보다 아름다운 영감을 주었다는 것입니다.

이 시집은 단순한 육아 일기를 넘어, 온 마음을 다해 한 생명을 축복하고 사랑한 할머니의 고귀하고 따뜻한 증언이라 믿습니다. 이 아름다운 사랑과 추억의 기록이 우리 가족에게는 오래오래 기억될 포근한 이야기가 되리라고 믿습니다. 감사합니다.

* 기나영 : 지안이의 엄마이자 김미자 시인의 둘째 딸

차례

자서 … 4
추천사 노유섭(시인·국제PEN한국본부 부이사장)　　6
　　　　기나영(지안이 엄마이자 시인의 둘째 딸)　　11

1부
쑥쑥이가 왔다

아가야, 너는	22
쑥쑥이가 왔다	24
예선탈락	26
웃음꽃 향기	28
옹알이	30
손만두	31
200일 아침에	32
이모와 하무니	34
까꿍	36
밀당	37
내일은 파란 하늘	38
두 살배기 달	40
쪼꼬미의 추억	42
첫가을	44
대단한 비밀	46
낮달	48

2부
어마어마한 약속

첫 발자국	50
까치밥 왈츠	51
봄비 오는 날	52
아기 종달새	53
콩콩이	54
아기 제꾼	56
오후에 뜨는 무지개	58
어마어마한 약속	60
첫 편지	62
제비꽃	64
약속	66
네 살 언니	68
하얀 목련	70
에그프리타타	72
네 살 우정	74

3부
향기로운 선물

목련화처럼	76
복장불량을 위한 변명	78
향기로운 선물	80
방학 첫날	82
가끔, 때때로	84
단짝	86
메리골드 꽃다발	88
형님반에 간대요	91
그 약속	92
작별의 날	95
금요일부터 화요일까지	96
할 수 있어어	98
따스하고 촉촉한	100
초록 잎 하나	101
조금만 참으세요	102

4부

꽃과 아기

가을이에요	104
엑스레이	106
오후의 햇살 아래	108
알고 있니	109
만추정경	110
루비에스 애플	111
인중이 늘어났나 봐요	112
두 손을 모으고	114
꽃과 아기	116
대문이 활짝	118
입맛	120
날마다 봄	122
꽃무지개	123
제목을 '시(詩)'라 쓰고	124
포 오프(Four Off)	126

5부
애착인형 잠잠이

아라베스크를 읽다	130
완벽한 생일 소원	132
오비이락(烏飛梨落)	134
반짝이볼	136
장례식의 천사들	137
손녀의 품	138
봄을 기다리는 아이	140
오늘부터 1학년	142
받침 공부	143
비밀의 펜	144
부채 선물	145
감자 농사	146
포롱포롱 포로롱	147
능소화나무 곁에서	148
애착인형 잠잠이	150
생각해 보니	152

6부
아기 손님 지안이 ~ 따뜻한 편지

아기 손님 지안이	154
증조할머니께	156
기쁨	157
시	158
고사리나물	159
행복	160
친구	161
졸업	162
따뜻한 편지	163

작품해설

김순진(문학평론가)
시심 훈련을 통한 시힘의 극대화　166

1부

쑥쑥이가 왔다

아가야, 너는

아가야, 네가 오는 길목
너를 맞으러 가는 그 길에

단풍나무 사이로 푸른 하늘 우러러
배롱꽃구름 피어오르고
낮은 울타리를 따라
새로 핀 무궁화 눈부시구나

아가야 너는
오롯이 피어 내 품에 안긴
싱그러운 나팔꽃, 아침을 열고
어여쁜 분꽃, 저녁을 시작하며
빛나는 보석, 한낮의 채송화다

아가야, 너는
얼음장 들추는 복수초, 첫봄의 제비꽃
여름을 버티는 백일홍, 맨드라미다
들판의 코스모스, 키 높은 해바라기
가을이 이울도록 향 고운 국화
세상의 모든 꽃이다

〈
아가야, 나는
아담한 뜰의 겸손한 일꾼
가꾸고 북돋우며 성실하게 돌보리니
아가야, 너는 장미, 작약, 나리꽃
세상의 온갖 꽃으로
아름답게 피어라

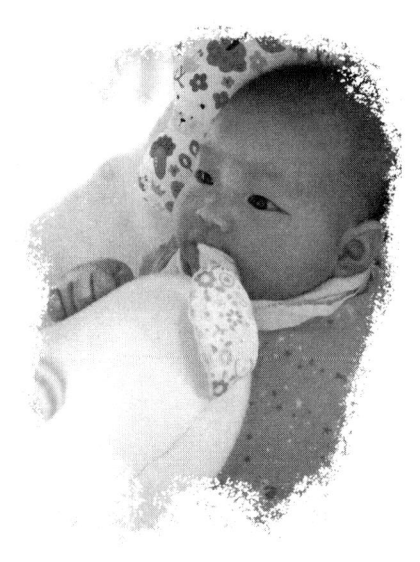

쑥쑥이*가 왔다

한 우주가 열리는 순간
녹색 소독포 위에서
우앵우앵 울며 발버둥치는
쪼끄만 새 생명

허공에서 버둥거리던 두 손을
가슴 앞에 모아 쥐는 쑥쑥이
울음을 뚝 그치더니
통통 부은 눈을 살포시 뜨고
살며시 주위를 살피는구나

옳지, 옳지, 잘한다
손잡는 걸 어찌 알까
야무지기도 하지, 엽렵하기도 하지
그렇게 손을 맞잡고 힘차게 사는 것
그것이 삶이요 인생이란다

아가야, 내 작은 토끼, 병아리야
조금만 더 기다려주렴
쪼끄만 그 손을 내가 꼬옥 잡을게

마음을 다하고 힘을 다하여
보살펴줄게

* 쑥쑥이 : 손녀의 태명

예선탈락

요렇게 예쁜 아가가
누구를 닮았는지 알아보는 시간
두근두근하며 발표를 기다리는데

양가 할부지들이 공동우승을 하고
우수상은 이민호 함무니 차지
아차상은 엄마 특별상은 호빵맨인데
열 달 내내 바라지한 나는
예선탈락이라니

쑥쑥아 하무니한테 이러기야?
어떻게 이럴 수가 있엉?
끌어안고 주절주절 푸념하려다가
뽀뽀만 백 번 하고 말았네

아무려나 내 품에 안겨 있는
둥개둥개 예쁜 아가야
튼튼하고 씩씩하게 자라다오
착하고 아름답고 슬기로운
사람이 되어다오

웃음꽃 향기

배고프다고 뿌앵뿌앵
저만의 언어로 오우아 오우아
찡그리고 입을 삐죽이다가
그예 으앙으앙으아앙
금세 눈물 한가득

아무리 힘껏 빨아도
배가 고프기만 한 모유 대신
쭉쭉 잘 나와 먹기 쉽고
금방 배불러지는 우유 달라고
눈 꼭 감고 고개도 돌린 채
엄마 가슴을 밀어내며 우느라
새빨개져버린 한 달배기
어르고 달래며
한 방울이라도 더 먹이려다
땀에 젖고 눈물범벅이 된 산모

이제 그만 되었다며
아기를 빼앗아 안고 젖병 물리는
초보 함마 얼굴도 빨개진 지 오래지만

꿀꺽꿀꺽 꾸울꺽
우유 넘기는 힘찬 소리에
화르르 피어 번지는
웃음꽃 향기

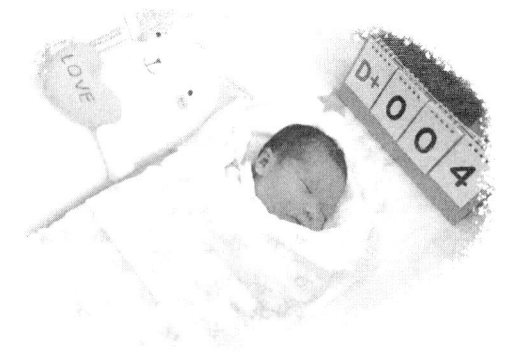

옹알이

다섯 달 보동보동한 아기
코오코 자고 일어나
우유 한 통 단숨에 비우더니
아우아우알 아우아르르알
오오우우웅 우우아를르
방글방글 웃으며
노래하네요

쪼끄만 두 손을
오무렸다 폈다 살펴보더니
동그란 눈 반짝이며
올롤로롤로 올로롤로아
아우아아알 아를르르알
엄마 손 닮았다고
자랑하네요

손만두

배밀이로 마루를 쓸고 다니다
빨개진 얼굴로 칭얼대는 쪼꼬미를
덥석 안고 젖병을 물린다

쭙쭙쭙 빨다 말고
눈 맞추며 빠안히 쳐다보다가
생글생글 웃으며
함마 뺨을 만지다 머리카락 당기고
눈 파고 코 쑤시다 급기야
입 속으로 쳐들어오는
야들야들 오동통한
만두 하나

꿈꾸듯 흐른 일곱 달 동안
지성껏 반죽해 빚은
달큰짭조름한 수제만두
파안의 웃음으로 맛보는
쪼끄만 손만두 하나

200일 아침에

이른 아침부터 병아리들이
눈 맞추고 웃는다
까르르 꺄르르 꺄아악
아하하 호호, 하하 호호호
활짝 피어나는 웃음꽃

내 병아리의 병아리가
먼저 웃는다
까르르 꺄르르 꺄아악
엄마 고마워요
키우느라 애쓰셨어요

엄마 된 지 200일
내 병아리가 따라 웃는다
아하하하 오호호
어여쁜 우리 아가
잘 자라줘서 고마워요

은방울 금방울꽃 피는 소리에
입을 다물 수 없는

울 엄마의 병아리 초승달 눈에
별빛으로 고이는
웃음방울들

이모와 하무니

엄마만 있으면
이리 딩굴 저리 딩굴딩굴
혼자서도 참 잘 노는
8개월 삐약이
가끔 현관 쪽을 가리키며
옹알옹알옹알

이모는 언제 오시나요
하무니는 언제 오시나요

만두, 내 만두야
이모가 문 열며 부르면
우이우이우잉
두 팔 쳐들고 엉덩이 들썩이며
안고 일어서라 보채다
이모가 모르는 척 장난감을 건네면
눈썹을 찡그리며 떼쓰고
손을 잡아당기며 눈웃음치다
이제 책 읽자아 하면 그만
뿌애앵 울어버리는데

짜자잔, 하무니가 나타나면
눈 깜짝할 틈도 안 주고
파다다닥 날아와 와락 안겨버리는
오동포동 귀염뽀작
아기 병아리

까꿍

아홉 달 아기와 나란히 배를 깔고
까꿍 책을 폅니다

멍멍이, 야옹이가 까꿍
삐약이도 까꿍
그림 한 번 만져보고
하무니 한 번 쳐다보고
하무니도 까꿍
쪼꼬미도 까꿍 까꿍
코를 찡끗거리며 까르륵 웃다가
품을 파고듭니다

까꿍 까꿍 까꿍
보여도 안 보여도
언제나 곁에 있습니다
맑고 밝은 모습 지켜줍니다

밀당

- 지안이, 엄마 아기예요?
- 아빠 아아기
- 으응, 엄마 아기지이
- 아아 아빠 아기이, 엄마 아기
- 지안이, 엄마 딸이에요?
- 아빠아 딸
- 아니아니, 엄마 따알?
- 엄마 따아알, 아빠아 딸
- 지안이, 아빠 딸?
- 아빠 따알, 엄마 딸

엄마와 혀 짧은 소리를 주고받다 말고
두 팔 벌리고 뒤뚱뒤뚱 걸어와
안냐*품에 쏘옥 안겨 생글생글 뒤돌아보는
19개월 꾀쟁이
팽팽히 밀고 당기며 말장난하는 요 머릿속에
대체 뭐가 들었나 싶지만
입가엔 웃음만 조랑조랑 달린다

* 안냐 : 손녀가 나를 부르던 첫 번째 호칭

내일은 파란 하늘

PM 10 : 214, 매우 나쁨
PM 2.5 : 134, 매우 나쁨
잿빛 그물에 걸려 수척해진 태양도
화장기 없이 누렇게 뜬 얼굴로
고통을 견디는데
굳게 닫힌 창 너머 놀이터에서
눈을 떼지 못하는
세 살배기

하늘이 너무 뿌우얘서 안 되니까
빨간 그네 초록 그네
그리고 신나는 미끄염아
내일은 꼭 같이 놀자고 조잘거리다
으아앙 울어버리는데

미세먼지 너무 나쁘고
초미세먼지 너무 나빠서
울다 잠든 아기를 토닥이는 하무니는
바람아 불어라, 비야 내려라
내일은 파란 하늘 보여주고파

신나는 놀이터 되찾아주고파
목멘 기도를 되풀이할 뿐

두 살배기 달

하무니 달 떠써요오~
들창에 이마를 붙인 채 치켜든
조그만 손가락 끝을 따라가니
계수나무 사이로 뜬
방긋한 미소
설거지하다 말고
두 살배기 손을 잡고 나선다

우와, 달이 똥그애요
지안이 얼굴처럼 똥그애요~
외치며 깡충거리고
교회당보다 높이 솟을 때까지
쟁반 같은 달을 노래 부르다
내일도 만나자며
손을 흔든다

자꾸 돌아보며 걷는
배뚤배뚤한 걸음마다
환한 미소가 따라오는데
저렇게 달은 높이 떠 비추는데

하무니 가슴속엔 또 하나
두 살배기 달이 사푼사푼
걸음마를 한다

쪼꼬미의 추억

아기 의자가
너무너무 보고 싶어요
아주 조그만 아기한테 갔는데
다시 왔으면 좋겠어요

붕붕붕 아주 작은 자동차
꼬마자동차 노래를 부르다 말고
눈이 빨개지다가 눈물을 뚝뚝 흘리며
품을 파고드는 세 살배기를 안고
등을 토닥이며
헤어진 친구들 이름을
같이 불러본다

젖병, 쪽쪽이, 빨대 달린 꽃무늬 컵
턱받침이랑 부러져버린 숟가락
노래하는 모빌과 아기 베개, 침대
영아반 선생님과 친구들
저를 지켜준다며 손에서 놓지 않던
조그만 토끼 인형 미미

안녕, 안녕, 잘 지내라고
보고 싶어도 참고 잊지 말자고
손 흔들며 약속한다

쪼꼬미에게도 추억이 있구나
그립고 보고픈 게 벌써
이렇게나 많구나

첫가을

콧노래 부르며
산책을 마친 두 돌배기

호주머니에서 나온
새파란 달개비꽃 한 송이
제 엄지손톱만 한 차돌 하나
탱글탱글 영글어 벌어진
제비꽃 씨주머니 둘
이슬에 젖은
빨간 배롱꽃구름 한 움큼
초록보다 노랑이 많은
벚잎 한 장

아기도 가을을 느끼나 보다
고 작은 가슴에도
단풍빛이 스미나 보다

대단한 비밀

아기 의자는 불편하다며
할미 무릎 위에 냉큼 올라앉아
부비부비 곰살궂게 굴며
아침 맘마를 먹여달라더니
이것은 비밀이래요

두 팔을 힘껏 치켜들며
지안이가 이마안큼 커서
여섯 살 일곱 살 열한 살이 되어도
하무니한테는 아기니까
저녁 맘마도 먹여달라며
이것도 둘만의 비밀이래요

이모보다 더 커져도
하무니의 아기냐고 물어보더니
하무니보다 더 커지면
그때는 제가 맘마를 먹여줄 테니
꼭꼭 비밀을 지켜달래요

손가락 걸고 도장 찍고

손바닥 마주 대고 복사까지 했지요
엄마가 알게 되면
버릇없는 아기가 되고
엉터리 할미가 되고 말 테니까요

낮달

미끄럼 타다가 소리치며 깡충거린다
저기 저어기에 달이 떴다고
해님이 밝게 비추는데
새하얀 달이 떠서
놀이터를 내려다본다고

지안이가 보고 싶고
같이 놀고 싶어서라며
달려가 그네에 오르더니
엄청 머얼리까지 밀어달란다
달과 손잡고 놀겠단다

힘껏 밀어줄 테니
높이높이 올라가
하얀 반달과 손을 잡으렴
엄청 머얼리까지 날아올라
낮달과 친구 되어 노는 것이
너의 행복일 테니

2부
어마어마한 약속

첫 발자국

두 팔 벌린 내 종달새
천상의 음계로 탄성을 지르며
펑펑 쏟아지는 함박눈 속에
폴짝폴짝 찍어놓은
조그마한 발자국

순결한 흔적마다 따라 디디며
생의 오선지 위에
가장 높은 음표들을 그려보는데
설국으로 가는 눈발 사이로 얼비치는
까맣게 잊었던 하얀 발자국

고향집 앞뜰에서 뒤란으로
삽짝을 밀고 나가 큰길까지
푹푹 빠지는 눈밭을 내달리며 새긴
여태껏 선연히 남아 빛나는
조그마한 발자국

까치밥 왈츠

함박눈 토핑 듬뿍 올리고
가지 끝에 동그마니 앉은 까치밥 하나
눈이 시리도록 고운데
포롱포롱 참새 가족 기웃거리고
오목눈이 한 쌍 번갈아 쪼아보다가
휘파람 이중창 부르고 가면
굴뚝새 혼자 흥얼거리는 아리아에
곤줄박이들 화음을 맞춘다

입맛 다시며 쳐다보던 세 살배기
두 팔 들어 빙그르르 턴을 하고
아라베스크를 외치며
넘어질 듯 말 듯 발을 들어 올리면
잣나무 꼭대기 까치 한 마리
까르륵 웃으며 쥘부채를 펼친다

봄비 오는 날

- 그네랑 미끄럼이 다 젖었어요
- 이야, 신나게 목욕하나 봐
- 우아, 놀이터가 깨끗해지겠네요

보슬보슬 봄비는 소리 없이 내리는데
지안이 두 눈은 초롱초롱해지고
울먹하던 얼굴이 환해집니다

- 민들레랑 제비꽃이 물장난해요
- 오호, 세수하고 물 마시나 봐
- 아하, 꽃들이 더 예뻐지겠네요

봄비는 보슬보슬 하염없이 내리지만
지안이 맑은 눈 반짝반짝 빛나고
동그란 얼굴에 웃음꽃이 핍니다

아기 종달새

놀이터에 달 떴다며
어서 나가자 보채는 세 살배기
저녁밥 든든히 먹이고
따뜻이 입혀 손잡고 나와
동네를 한 바퀴 크게 돌고
골목 밖 큰길까지 나가봤지만
까치산 너머로 가고 없는
초저녁 아기 달

하무니 설거지하는 동안
심심해진 달이
다른 친구한테 가버렸다며
칭얼거리다
내일은 꼭 만나기로 약속하고는
달뜬 목소리로 조잘거리다
하무니 등에서 잠들어버린
아기 종달새

콩콩이*

블록으로 상자를 만들고는
쪼끄만 아기가 살 집이라며
엄마 뱃속 아기집에서
동생 하나만 꺼내달라 했더니
거기엔 아기가 없었답니다

혹시 하무니가 저에게
동생을 낳아주시겠느냐며
눈웃음에 '플리~즈'까지 붙였지만
하무니가 아기를 낳으면
엄마의 동생이 되는 거였답니다

곰곰 생각한 끝에
아빠랑 결혼하겠다고 선언했다가
벌써 엄마랑 결혼해버렸다는
상냥하고 냉정한 설명을 들었답니다

머리에 손을 대고 갸웃거리다
귀여운 콩콩이가 있으니
다른 동생 없어도 된답니다

좋은 생각을 한 거 같아서
마냥 즐겁답니다

* 콩콩이 : 손녀가 좋아하는 아기 인형

아기 제꾼

치우고 닦아 훤해진 마루에서
팔짝거리며 뛰노는 쪼꼬미

큰 상 펴고 올리는 제물을 보고
너어무 맛있겠다며 달음질치다
고조부님 먼저 잡수셔야 한다는 말에
제 조모 치마꼬리를 잡은 채
빨간 사과에서 눈을 떼지 못한다

촛불 켜지고 향내 퍼지니
제사는 조금 무서운 것 같다면서도
얌전하게 절을 따라 하고
상 물려 음복할 때
우리가 누구 맘마를 차려드렸는지
호호할아버지는 왜 안 오시는지
궁금해하다가
벌써 다녀가셨다는 말에
어떻게 나는 보지 못했느냐며
눈을 동그랗게 뜬다

아가야, 세 살배기 제꾼아
글로벌 핵가족 시대에
대여섯 모이기도 쉽지 않은데
제상 앞에서 즐겁게 뛰노는 너를
조상님께서 얼마나 예뻐하셨을지
알게 될 날 언제일까
그런 날이 오기나 할까

오후에 뜨는 무지개

너를 기다리며 너를 생각하면
새하얀 낮달
두둥실 떠오르고
아롱별, 꽃별 춤추며 흐른다
두둥두둥 가슴속 북이 뛰놀고
민들레, 제비꽃, 채송화, 나팔꽃
도담도담 피어나
방글거린다

우다다다 네가 달려와 안기면
하늘 채우며 뜨는
쌍무지개
빨주노초파남보 새뜻한 빛으로
네 생의 미래를 색칠한다
보남파초노주빨 보드레한 붓질로
내 생의 오후를 향기로 물들인다

날마다 뜨는 무지개
덥석 껴안고
둥개둥개 무량한 사랑을
춤춘다

어마어마한 약속

하무니 머리카락이 모두 하얘지면
무섭고 싫겠지만
지안이가 염색해준단다

많이 먹고 빨리 커서
하무니 좋아하는 오이를 많이 사주고
저 좋아하는 고기도 사준단다
밥 먹는 것 잊어버리면
천천히 먹여주고
이도 꼼꼼 닦아준단다

운전 배워서
노들섬, 박물관에 데려가고
아프거나 다치면
병원에도 데려다줄 건데
지금은 세 살이라 못한다며
새끼손가락 걸고 엄지 도장 찍고
손바닥 복사에 사인도 한다

공수표면 어때

부도수표면 어때
내 입이 귀에 걸린 지
이미 오랜걸

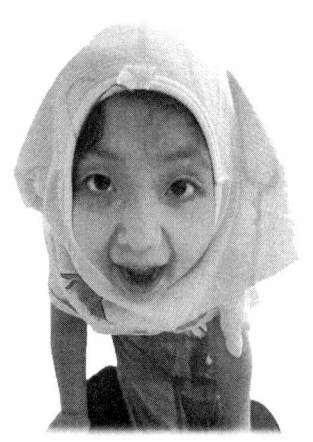

첫 편지

지갑 속에 넣고 다니는
색종이 편지
닳아 해질까 애면글면한다

세 돌 무렵 어느 날
자랑스레 내밀며 생글거리던
영롱한 눈빛이며
통통 튀어오르던 아기 제비 목소리
귓가에 또렷하다

하무니, 제가 편지 썼어요
'사랑해요'라고 영어로 썼어요

비뚤배뚤 접힌 색종이에 그린
빨간 해와 노란 달 아래에
크레용으로 꾹꾹 눌러쓴

I'♥♥IOIOI CIOICIO IcIO IcIo

읽고 내키는 대로 해석하는데

꺼내볼 때마다 가슴이 뛴다
봄처럼 따스해진다

제비꽃

보랏빛 제비꽃은
하무니가 좋아하는 꽃
귀엽고 예뻐서
쪼꼬미도 좋아하는 꽃

쪼르르 달려가
손 내밀어 인사하고
소꿉그릇에 씨앗을 모으며
꼭꼭 심을 날을 기다리고

하무니가 좋아하실
보랏빛 꽃밭을 생각하면
자꾸자꾸 웃음이 나온다며
눈이 다 감기도록 웃는데

보랏빛 제비꽃은
쪼꼬미가 좋아하는 꽃
세 살배기 아기는
하무니가 사랑하는 꽃

약속

네 살이 되면
단짝 지호랑 친구들과 헤어지고
어린이집 선생님도 못 만나고
하무니 머리카락은 더 하얘진다며
설 오기 전부터 슬퍼하더니
설날 아침 떡국에서
좋아하는 만두를 죄 건져내다가
계속 세 살로 살아도 된다는 말을 듣고서야
겨우 받아먹었는데

오늘은 떡국을 잘도 먹고
만두도 더 달래서
고개를 까딱거리며 먹네요
엘사가 그려진 물통과 수저,
유치원 입학 준비물이 너무 예뻐서
그만 네 살이 되기로 결심했다고
또박또박 말하다 말고
두 팔로 제 목을 감싸안네요

그렇지만 하무니는

저얼대 한 살 더 먹지 않겠다고
약속하시라면서요

* 엘사 : 2013 디즈니 애니메이션 〈겨울왕국〉의 주인공

네 살 언니

정색을 하고 할미를 쳐다보며
앞으로 지안이에게
"옳지, 옳지" 하지 마시랍니다

쪼끄마할 때부터 들은 신나는 말이지만
아기한테만 쓰는 말을 네 살 언니한테 쓰면
저얼대 안 된다기에
입이 닳도록 설명하고
사전을 찾아 읽어주어도
아니, 그냥 제 말이 옳답니다
그동안 너어무너무 많이 들어서
그만 들어도 된답니다

저 혼자 오오래 생각해보고 부탁한다며
손 모으고 '플리이즈'까지 붙이기에
손가락 걸어 약속하고도
또 옳지, 옳지 실수하고 마니
동그란 얼굴이 그만
새초롬해집니다

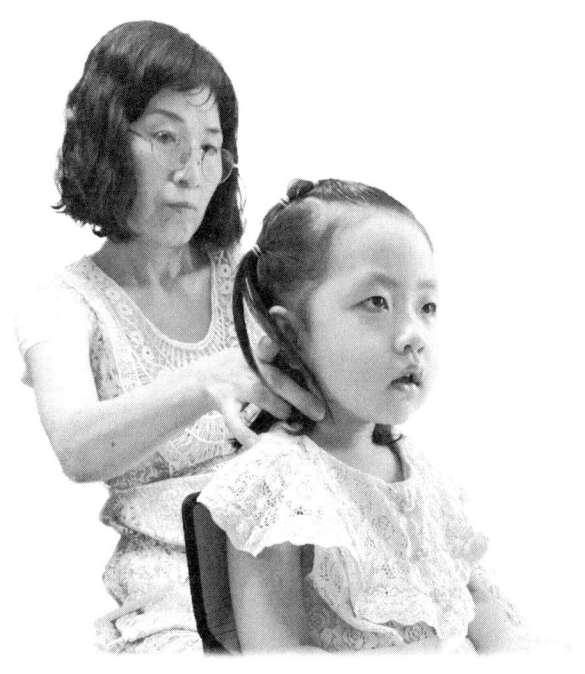

2부. 어마어마한 약속

하얀 목련

노랑 곰돌이 차에서 내려
품속에 뛰어들다 말고
저기저어기 커다란 나무에
하얀 꽃이 많이마아니 피었다며
손을 잡아끌더라고요

눈부신 꽃그늘에서
올해는 지안이 덕분에
좋아하는 꽃을 많이 보게 되어
자꾸 웃음이 난다고 했더니
꽃잎을 줍다 말고
살랑살랑 나비춤을 추면서
저도 하무니를 닮아서
목련꽃이 좋다고 했는데

새하얀 꽃잎을 엄마에게 보여주고
엄마도 목련을 좋아한다는 말에 냉큼
엄마 목을 끌어안고 웃으며 글쎄
요렇게 지저귀더라고요

지안이가 엄마를 닮았네요오!

에그프리타타

하트 무늬 포켓이 달린
빨간 앞치마를 입고 손 씻으며
곰 세 마리 노래를 부르고
하이파이브하며 외치는
쪼꼬미와 하무니의 요리시간!

꼬맹이는 계란 물을 휘젓고
나는 채소를 자르는데
끓는 물에 데치고 바싹 구워
송송 썰어둔 베이컨을 자꾸 집어가는
오통통 귀여운 손

혀를 날름대고 키득거리며
꼬물꼬물 멈추지 않는 손짓에
휘익 돌아서며 곰쥐 잡자아 하니
요오기 있다며 와락 안긴다
까르륵 웃으며 자지러진다

에그프리타타 익기도 전에
볼록해져버린 배를 만지고 볼 비비면

함씬함씬 번져나는 달콤한 감격

한 끼를 위한 접시에
이토록 짜릿한 꿀맛을 올리고
웃음꽃 고명을 얹어 내는
생애 최고의 요리시간

네 살 우정

샐쭉한 눈을 하고
함미 품을 파고들더니
단짝 소라와 놀지 않겠답니다
불조심 동영상을 보다 눈물이 났고
다친 사람 가여워서
눈물을 멈추지 못했는데 자꾸만
아가라고 부르더랍니다

매일 손잡고 다니는 친구에게
그러면 안 되는 거라면서
이제는 왜 울었느냐고 걱정해준
윤이랑 하율이
울어도 놀리지 않은
솔이, 준우, 린이랑
놀겠답니다

3부
향기로운 선물

목련화처럼

하얀 꽃잎 주워 손에 들고
오오 내 사랑 목련화아야
노래하며 춤을 춥니다

미끄럼도 그네도 같이 타며 놀더니
세발자전거에 태워 집에 데려와
신데렐라 책 읽어주고
밥도 같이 먹습니다

엄마 잃고
시들어 마르는 꽃잎이
너어무너무 가여워
언니가 되어주겠다며
제 사진을 보여주고
아기적 애기도 들려줍니다

잠자리에 누워
'목련화' 노래를 듣고 또 듣고
옹알옹알 따라 부르다
소르르 잠든

내 사랑 네 살배기

부디 봄 길잡이 목련화처럼
아름답고 우아하게 자라
강인하고 값지게 살아
향기로운 사람 되라고
간절한 기도로 응원합니다

복장불량을 위한 변명

갈래머리 쫑쫑 땋아
동그랗게 고리 지어 묶어주니
바로 이거라며 으쓱대다가
왕관 머리띠에 무지갯빛 드레스
반짝이는 은빛 슈즈 차림으로
싱글벙글 집을 나서는데

앉았다 누웠다 온몸을 꼬면서도
한나절 구슬을 꿰어 엮고
색 고운 글라스데코 메달을 단
목걸이를 걸고
양 손목에 팔찌 다섯 개
작고 오동통한 손에
빨강 노랑 보석 반지가 셋

도무지 본 적 없는 매무시에
깡충거리며 춤추는 공주님 손을 잡고
곰돌이 버스를 기다리는 내내
화끈화끈 부끄러웠지만
꾸우욱 참았습니다

〈
친구들에게 보여주고 싶어
반짝반짝 빛나는 눈빛 때문에

향기로운 선물

친구가 보내온
손녀의 생일 선물
진초록 연잎에 고이 싸인
백련 꽃봉오리 하나
도타운 잎 펴기도 전에
마음 먼저 채워오는
드맑은 향기

눈 마주치며 미소 짓다가
티 없이 순결한 꽃
다소곳이 연지에 펼쳐 담고
가만가만 찻물을 따르면
고요히 피어나는 꽃

아지랑이로 오르는
짙은 연향 따라
눈이 부시도록 환해지는
지안이 얼굴

연잎에 구르는 이슬이듯

해맑은 눈망울을 바라보는데
콧등에 주름 만들며 마주 웃는
티 없고 천진스런 미소에
괜스레, 괜스레
눈물 어린다

방학 첫날

유치원 아침 시간표대로
호비와 야호˚를 보고 나서
종이접기랑 색칠 놀이를 하려는데
저는 선생님이 되고
할미는 바다반 어린이가 되어
친구들 이름을 부를 때마다
네, 선생님이라 공손히 대답했지요

간식도 점심도 야무지게 먹고
한바탕 물놀이하고
누워 뒹굴며 흥얼거리기에
설거지를 하고 돌아서 보니
그새 책으로 탑을 쌓아놓고는
이 마흔세 권을 다 읽어주고
한 글자도 엉터리로 읽지 마시라며
엄숙한 표정을 짓더군요

즐거이 교감하며 두 권을 읽고
글씨가 작고 촘촘한 세 번째 책
이름도 마구 헷갈리는 공룡 이야기에서

혀 꼬이고 목도 잠겨버린 위기를
아이스크림 먹자고 눙쳐 넘겼는데
세상 고요한 이 시간
수북이 쌓인 책더미 위로
우렁우렁 공룡들이 떼 지어 다니고
자꾸 혀가 꼬이며 입이 마르네요

* 호비, 야호 : 유아 교육용 동영상

가끔, 때때로

- 하무니 병원에 왜 가셨어요?
- 그냥 검사해보는 건데 걱정되니?
- 네
- 아파서 입원하시면 어쩌지이?
- 엄마가 다 해주시면 되지 머어
- 으응, 무얼?
- 이렇게 아침에 나 챙겨서
  유치원 보내주는 거!

눈웃음치며 혀를 쏘옥 내밀더니
가방을 메며 조잘대더랍니다
- 우헤헤헤, 유치원 끝나면
  하무니 어떠신지 보러 가야겠다아~

모처럼 엄마 시중 받은 아침
꽃무늬 원피스에 분홍 머리띠 쓰고
곰돌이 버스를 기다리는 내내
빙글빙글 돌다가 팔짝팔짝 뛰다가
엄마 품에 쏘옥 안겨들 때
가없이 맑은 햇살 넘쳐났으리니

〈
가끔, 때때로
아프다고 해야 할까 보다

단짝

보름 동안 감기에 시달리느라
입맛을 잃은 내 귀요미
어르고 달래서 밥을 먹이고
빈 약병 보여주며 이제 그만 먹자 했더니
아직 기침도 하고 콧물도 나오니
병원에 다시 가야 한다며 앞장서네요

슬쩍 쳐다보며
하무니도 감기약 드셨나 물어보더니
그럴 생각 하나도 없었는데
언제 옮겨갔는지 알 수 없다며
이상하다, 신기하다 종알거리다 말고
멋지게 하이파이브를 하자네요

둘이 꼬옥 붙어 있다 같이 걸렸으니
우리는 진짜진짜 단짝이라며

메리골드 꽃다발

유치원 오픈클래스 행사에
이모를 초대한 쪼꼬미

'오 샹젤리제' 음악에 맞춰 노래하고
뮤지컬 '데이지 더 댄싱 다이너소어'에서
즐겁게 춤추며 뛰어다니다
우물에 빠진 엘리펀을 구하는
아기 공룡을 연기하고
박수를 받았다지요

고맙고 행복하다고 쓴 카드와
노랑 메리골드 꽃다발을 준
이모에게 안겨
입이 귀에 걸린 채 카드를 읽고
꽃에 얼굴을 대고
살포시 눈을 감았다지요

저녁내 꽃다발을 안고 다니고
누워서도 말똥거리다가
이모가 주신 카드와 꽃다발

저얼대 버리지 말라 부탁하고서야
소르르 잠들었다는데

지금쯤 메리골드 가득 핀 꽃밭에서
노래하며 춤추겠지요

형님반에 간대요*

처음 바다반에 들어갔을 때
아직 어리고 모르는 것 많았지만
이제 한 살 더 먹어
몸도 많이 자라고 생각들도 자라서
형님반에 간다고 노래하네요
블록 쌓기, 소꿉놀이 같이 하던 친구들
밝게 웃으며 안녕 한다고
자꾸자꾸 노래하네요

스물두 명 친구들
다아 보고 싶을 거라면서도
그렇게 고대하던 형님이 된다고
자랑스레 부르는 노래에
왜 자꾸 눈물이 어리는 걸까요
왜 자꾸 보스스한 병아리 때가
그리운 걸까요

* 김진영 작사 작곡 동요 「형님반에 간다네」의 가사 일부를 1연에 차용함

그 약속

월요병에 걸렸다며
밥도 떠 넣어주고 양말도 신겨달라기에
이담에 커서 다 갚기로 한 것
절대 잊지 마라 했더니
아무래도 그 약속은 못 지킬 것 같대요
그때는 결혼해서
아기를 키울 거라면서요

아하하하 웃다가
그러면 우리 같이 살자고 했더니
눈을 반짝이며 와락 안겨서
하무니가 제 아기랑 놀아주시면
저는 일해서 돈을 벌겠대요
괜찮은 생각이라 맞장구치며
손가락도 걸었지요

유치원에 보내놓고 곰곰 따져보니
아무래도 네 살 뽀시래기한테
꼼짝없이 낚였는데
얼결에 하고 만 그 약속

과연 제가
지킬 수 있을까요

작별의 날*

핑크 드레스 입히고
길게 자란 머리카락 매만져
양 갈래 사탕머리로 꼭꼭 묶어주며
오늘은 선생님을 꼬옥 안아드리고
감사하다고 말씀드리라 하자
또 만날 수 있을 거라며
눈을 똥그랗게 뜨더니

지혜로운 이야기상 받을 때
자꾸 웃음이 나왔고
친구들 곁에 앉아있을 때
울 것 같았지만 참을 수 있었는데
선생님과 꼬옥 안고 인사 나눌 때
갑자기 눈물이 나와버렸대요
자꾸자꾸 눈물이 흐르더래요

* 영아반 종업식 날

금요일부터 화요일까지
- 성장통

금요일 오후
조그매진 어깨 핼쑥한 얼굴로 다가와
포옥 안기는 쪼꼬미 손을 잡고
뒤뜰을 걸었습니다

비비추꽃을 보듬다 말고
오늘은 재미가 하나도 없었답니다
단짝 친구가
너 싫다며 단짝도 그만두겠다는데
가슴이 막 빨리빨리 뛰어서
아무 말도 할 수 없었고
왜 그럴까, 내가 뭘 잘못했을까
그런 생각만 들었답니다

월요일 아침에 힘없고 어지러워
유치원에 가고 싶지 않다고 하더니
조금 밝은 얼굴로 돌아왔네요
마음이 아팠다고 말했는데
그 애는 조용히 듣고 있었답니다

화요일 오후
방글거리며 달려와 빙빙 돌며 춤추다
제 등에 매달립니다
삐쳤던 친구랑 다시 손잡고 놀았고
생일 사진도 같이 찍자고 해서
엄청 엄청 신났다면서

지안이 마음이 움쑥움쑥 커질 때
할머니 키도 쑤욱쑥 자라납니다

할 수 있어어

엘리베이터 앞에서
쌩끗 콧등에 주름을 만들며
계단을 가리키는 네 살배기
척척척 거침없이 앞장서 오르며
힘이 하나도 안 든답니다

손잡고 하나아 두우울 헤아리며
세월아 네월아
겨우 도착한 2층에서
이제 그만 안으라 팔 벌리던
아기였는데

후다닥 5층까지 먼저 올라가
의기양양한 얼굴로 기다리다가
얼른 손을 잡으며 조잘댑니다

하무니이, 할 수 있어어
힘이 들지마안 용기를 내애서어

영차여엉차

손을 꼭 잡고 발맞추다 보니
금세 11층 집 앞
하하하 웃으며
하이파이브를 합니다

따스하고 촉촉한

한나절 퍼붓듯 내리던 비가 그치고
쨍쨍한 하늘빛 눈이 시린데
해맑다 못해 통통 튀어오르는
아이들 웃음소리

나무젓가락을 손에 든
일고여덟 살짜리 귀요미들
사뭇 진지한 표정으로 기웃거리다
보도블록과 아스팔트 위에 쓰러진 토룡공*들
조심조심 집어 풀밭에 사알짝 내려놓고
눈 마주치며 까르르 웃는데

가슴이 따스해진다
눈시울이 촉촉해진다
쪼꼬미에게 젓가락질 연습을
더 열심히 하자고 해야겠다

* 토룡공 : 지렁이를 높여 부르는 호칭

초록 잎 하나

초여름 햇살 아래
바람 일으키며 폴짝거리던
네 살배기
쪼르르 달려와 품을 파고들더니
어린 은행잎 하나 보여줍니다
친구들 모두 나무 위에 두고
저만 혼자 떨어져 있어
얼른 데려왔다면서

언니랑 놀자며 손잡고 춤추다
숨바꼭질하고 자전거도 태워주더니
가만히 다가와 포옥 안기며
빈손을 펴 보여줍니다
혼자 있다 시들어버리면
너무 가여울 것 같아서
생글생글 웃는 도장나무 잎 곁에
살짝 놓아주었다면서

조금만 참으세요

깍두기 담그자 조르기에
주방에 나란히 서서 무를 썰면서
귀여운 자손 다칠세라
자꾸 곁눈질하다 그만
손가락 하나를 깊이 베고 말았는데
잠시 얼어붙었던 녀석 거동 보소

재빨리 소파에 쿠션을 쌓아놓고
함마를 끌어다 눕히더니
하지* 간호사를 호출해
연고를 발라주시라 하네요

뽀르르 달려가서
텐텐**을 가져다 먹이며
등을 토닥이더니
다정한 눈빛으로 말하네요
-환자분, 조금만 참으세요
금방 나을 거예요

* 하지 : 할아버지, ** 텐텐 : 어린이용 비타민

4부
꽃과 아기

가을이에요

제 어깨를 스치며 내린
반쯤 붉어진 단풍잎
조그만 손바닥에 올려놓고
요리조리 살피다가
향기를 맡아봅니다
가만가만 쓰다듬다가
하무니 손에 쥐여주며
종알거립니다

가을이에요
책 속에 넣어 말려주세요

엑스레이

하지랑 숨바꼭질하느라
꺄아악 꺅꺅
숨넘어가다 말고
우와앙 터지는 울음소리
왼손 새끼손가락 치켜들며
소파에 부딪혔답니다

약 바르고 호오호 불어도
불룩하게 부어올라
엑스레이 찍으러 가자 하니
그렁그렁한 눈물을 쓰윽 지우고는
두 눈을 반짝입니다
책에서 공룡 뼈를 볼 때마다
제 것은 어떤지
어엄청 궁금했다면서요

사진 찍고 깁스하려고
두 시간 넘게 기다려야 했지만
조금도 지루하지 않다 하더니

보름째 붕대를 감고 있지만
작고 귀여운 뼈가 쉬고 있다며
하나도 조금도
불편하지 않답니다

오후의 햇살 아래

너와 손잡고 걷는다
오후의 햇살 아래
꼭 잡은 손을
가볍게 흔들며 걷는다

너는 나를 쳐다보며 생글거리고
나는 마주 보며 미소 짓는다

아직 자그마하지만
한 우주(宇宙)를 품은 봉오리가
내 손안에 있으니
무얼 더 바랄까

눈부시게 투명한
오후의 햇살 아래

알고 있니

어제는 일곱 송이
오늘은 열한 송이
내일은 얼마나 피어날까
엄청 궁금해요
방글방글 웃고 있으니
또 물을 줘야겠어요

나팔꽃을 헤아리며 조잘대는
아가야
알고 있니

네가 바로 꽃인 것을
기쁨이자 보람인 것을
날마다 새로 피어나는
희망인 것을

만추정경

팔랑팔랑 또는 하르르
곱게 물든 잎들이 내리니
두 팔 벌리고 달려가
발아래를 조심조심 살피는
꼬꼬마
쪼끄만 잎들을 주워
호주머니에 넣고
하무니 가방에도 담아줍니다

요렇게 작은 아기들은
저얼대 혼자 있으면 안 되니까요
우리가 다 데려가야 하니까요

저무는 햇살이 손을 흔들어도
아랑곳하지 않습니다
팔랑팔랑 또는 하르르
바람 불거나 고요하거나
고운 잎은 자꾸 내려 쌓이는데

루비에스 애플

조그맣고 귀여운 루비에스
보석 닮은 미니 사과 한 알
한바탕 뛰놀아 땀투성이가 된
꼬꼬마에게 건네니
조물조물 만지다 덥석 깨문다
아사삭, 새큰한 소리 따라
오물거리다 말고
종알거린다

- 아, 그 사람이 생각났어요
- 으응, 누구우?
- 아, 이…, 이태석 아니고
  애, 애플, 맞아요
  핸드폰 만든 스티이브 잡스요
  잡스는 새로운 걸 좋아했대요
- 오오 내 강아지
  보석 한 알 더 드릴까?

인중이 늘어났나 봐요

태권도장 처음 가는 날
선배들 격파하는 모습에
눈이 동그래지더니
인중이 쭈욱 늘어난다

앙증맞은 도복에 하얀 띠 매고
주춤서기를 배울 때는
마냥 주춤주춤 어설프더니
스트레칭할 때는
조금 아픈 게 좋다는 관장님 말씀에
있는 힘 다 쏟아
팔다리를 늘이고 편다

하트 스티커 두 장 받았다고
또 인중을 늘이며 자랑하는 뽀시래기
저녁 내내 기합을 넣어가며
품세 연습을 하다 말고
다리랑 팔이 이상하게 아프단다
만져보시라며 덧붙인다

아마도 제 인중이 늘어났나 봐요

두 손을 모으고

튀르키예 남부에서 시리아 국경까지
수백 킬로미터에 이르는 지각이 찢어진
참혹한 대지진
한달음에 달려간 사람들이 밤낮없이
폐허가 된 현장을 누비며
생존 신호를 찾는다

뉴스가 시작되면
고사리손을 가슴에 모으고
저만치 벽모서리에 살짝 숨는
다섯 살배기
차마 화면을 보지 못해
고개만 갸웃 내밀고 떨리는 목소리로
묻는다

튀르키예 소식 있나요?

잔해더미 사이로 나온
어린 딸의 손을 끝내 놓지 못하는
아버지의 눈물과

동생을 구해주면 무엇이든 하겠다는
어린 누이의 눈빛도 그러하려니와
다만 생환의 순간을 기다리는
모든 간절함에 기대어

부디 희망을 잃지 않기를!
부디 긍휼과 위로가
넘쳐흐르기를!

꽃과 아기

꽃아
방금 보았니?

작고 오동통한 손으로
네 얼굴 아래에 꽃받침을 만들고
온 가족을 둘러보는
저 사랑스러운 눈빛을

그리고 들었니?

이렇게 예쁘게 핀 꽃을 보신 적 있나요?
이렇게 예쁜 꽃을 보신 적 있나요?
활짝 웃으며 말하는
저 통통통 튀는 목소리를

꽃아 느끼고 있니?

이토록 순결한 행복에 겨워
퐁퐁퐁 솟는
내 질투의 마음을

꽃아

너는 좋겠다

참 좋겠다

대문이 활짝

日 月 山 川 門
연습장에 한자를 비뚤배뚤 그리는
뽀시래기
찬찬히 또박또박 쓰면 참 좋겠다 하니
장난기 가득한 눈으로 쳐다본다

月자를 좁고 길게 내려 그리더니
초승달이라 하고
山의 가운데 획을 위로 쑥 올려놓고는
노오픈 산이라 읽으시란다
눈을 크게 뜨고
두 팔을 위로 쭉쭉 뻗으며

나도 한 자만 써보자며
川자를 구불구불 늘여 그리고 나서
한강이라 읽는다 하자
하하하하 웃다 말고
門자의 좌우를 바꿔 쓰며
승리자처럼 외친다

보세요, 보세요
여기 대문이 활짝 열렸어요
제가 활짝 열어놨어요

입맛

독감에 걸려
고 작은 몸을 펄펄 끓이며 앓느라
반쪽이 되어버린
내 삐약이

탕수육도 자장면도
원래부터 안 좋아한다더니
고기도 닭죽도 못 삼킵니다
초콜릿 감자대롱을 보고도
고개를 가로젓고
그렇게나 좋아하는 젤리를 입에 넣어주니
토할 것 같답니다
침대에 엎드렸다 방바닥에 누웠다
너어무 힘들답니다

한참 업어준 다음
품어 안고 토닥이는데
희미한 미소를 짓다 말고
눈을 크게 뜨고 조그만 목소리로
묻습니다

그런데 하무니
제 입맛은 누구한테 갔을까요?

날마다 봄

겨우내 털옷 입은 꽃눈 살피며
하얀 꽃 만지고 싶어하던
여섯 살 나의 여린 봄이
후우 후후
민들레 꽃씨 날려 보내고
꽃눈 내리는 뜰을 뛰어다닌다
온몸에 새봄을 잔뜩 묻힌 채
목련을 한참 쳐다보더니
떨어진 꽃잎을 주우며
종알거린다

날마다 봄이면 좋겠어요
날마다 봄이면 참 좋겠어요

꽃무지개

네가 무지개를 그리면
나는 네 옴포동한 손을 보며
함박꽃처럼 웃고

내가 무지개 우산을 그리면
너는 그걸 머리 위로 올리며
채송화처럼 웃누나

너와 내가
무지개 우산을 같이 쓰고
빗길을 걷노라면

살그머니 비 그친 하늘에
일곱 빛깔 꽃무지개
높다랗게 뜨누나

제목을 '시(詩)'라 쓰고

'음식을 만들어야지' 하면 하트 무늬 앞치마부터 꺼내고 '청소해야겠네' 하면 수건으로 마루를 밀고 다니며 깔깔대는 종달새 출판사에 다녀오고부터 날마다 종이를 잘라 책을 만드는 따라쟁이 지면마다 그림과 글로 채우고 제목 아래에 '복지안 지음, 김미자 감수'라고 써서 보여주며 뽐내더니 오늘은 원고를 교정하는 내 곁에 찰싹 붙어서 제 공책을 편다 연필을 들고 고개를 갸우뚱 잠시 골똘하더니 방긋 웃는다 이제 다 생각났다면서

  공들여 쓴 제목 아래
  제 이름자를 재빨리 쓴다

  있었던 일과
  없었던 일을 합쳐서
  시를 쓴다고 또박또박 적고
  통통한 두 볼을 분홍으로 물들이며
  나는 시를 쓰면
  행복해진다고 덧붙이더니

  다 썼어요 하면서 쳐다본다

커다란 두 눈을 더 크게 뜨고

두 뺨이 발그레해진 하무니
따라쟁이 쪼꼬미를 끌어안고
두둥개둥실 떠오른다
양떼구름 새털구름 위로
두둥실 두리둥실 떠다닌다
아홉 번째 구름 그 위를

포 오프(Four Off)

어찌저찌 삼 년 반 만에 떠나는
3박4일, 모처럼의 휴가
늘 그러하듯 공항 출국장에서
낡아도 편한 스케쳐스*를 카메라에 담으며
'포 오프'를 높이 외치고

굉음 속 질주와 사뿐한 이륙
노을과 일출, 등 뒤로 부는 실바람
비움과 채움, 초록 언덕 너머 춤추는 파도
낯선 곳, 새로운 시선 같은 말을 떠올리다
스마트폰을 열고
아홉 개의 알람을 하나씩 끈다

하늘바다에 가득 떠 항해하는
조각구름에게 손 흔들어주고
등을 곧게 펴며 눈을 감으려는데
늘 그러하듯 달려와 안기며
하무니 어디 가시냐고 묻는
밤비** 닮은 눈동자, 동그란 얼굴

* 스케쳐스 : 운동화 브랜드 명. 쿠션이 좋아 걷기 편함
** 밤비 : 월트 디즈니 애니메이션 〈밤비(Bambi)〉의 주인공인 아기 사슴의 이름

5부
애착인형 잠잠이

아라베스크를 읽다

비에 촉촉이 젖은 아침
문득 날아온 상큼한 음악 편지
유려하게 펼쳐지는
섬세하고 나긋나긋한 선율에
가슴이 먼저 화안해진다

아르페지오로 흐르는 화음에
사르르 감기는 눈을 애써 뜨고
손녀의 머리를 빗기며 묻는다

- 이 피아노 연주 어때요?
- 좋아요, 발레 배울 때 들어본 것 같아요

손가락 피아노를 치다가
가지런해진 머릿결을 쓰윽 만지더니
두 팔을 비껴들고 빙그르르 돌다
아라베스크 포즈를 보여주는
여섯 살배기를 안고
뺨을 맞댄다

'드뷔시의 아라베스크'라 쓰고
비에 촉촉이 젖은 채 누린
'참 호사스런 아침'이라
읽는다

* 2023. 12. 12. 피아니스트 서희정 님의 연주를 듣고

완벽한 생일 소원

여섯 번째 생일엔 다 같이 모여
방배김밥이랑 라면을 실컷 먹겠다더니
친구들 모두 좋아하는
커다란 케이크에 촛불 켜놓고
소원을 빌었답니다

라이프 스토리 말할 때 하나도 안 떨렸고
사진 많이 찍고 선물도 듬뿍 받은
정말 완벽한 생일잔치였답니다

음, 으음, 망설이며 웃다가
내 귀에 속삭입니다
엄마아빠의 소원이 이루어지게 해달라고
눈 꼭 감고 기도했으니
꼭꼭 이루어질 거라고요

오비이락(烏飛梨落)

하원길에 태권도장에서 한바탕 뛰고도 기운이 남은 여섯 살 쪼꼬미 놀이터에서 물풍선 만들고 터뜨리느라 옷을 다 적시고야 집에 가잔다

손발을 씻고 소파에서 TV 동영상을 고르며 오늘도 계란 두 개에 소금 치는 것 잊지 마시란다 그럼, 그럼, 누구 말씀이시라고! 서둘러 만든 스크램블 에그와 채소를 오목 접시에 담고 찬 우유팩을 홀더에 꽂아 바친다 새로 세탁해 보송보송한 방석에 우유 엎지르지 말라는 부탁과 함께

잠시 숨 돌리고 과일과 치즈를 담은 두 번째 접시를 대령하는데 방석이 살짝 젖어 있다 하무니 부탁을 잊어버렸나요오 묻는 목소리에 살짝 힘이 들어갔나 하는 순간 고 동그란 눈을 세모로 치뜨고 볼멘소리를 한다 제가 안 그랬는데요 자세히 보니 온도 차(差)로 우유팩에 맺힌 이슬이 흐른 자국이다 아차차 오해해서 미안하다 얼른 사과하고는 초콜릿 바를 서비스하니 사르르 웃으며 옆에 앉으시란다

그랬는데 그랬는데 침대에 누워서 엄마 귀에 조잘조잘 젖은 방석 건을 고하고는 이런 게 바로 까마귀 날자 배 떨어진 거지요오 하더란다 하아, 품안의 병아리가 언제 이리 커버렸나! 되레 가슴에 송송 구멍이 난다

반짝이볼

작고 투명한 유리병에
물을 채우는 꼬꼬마

금색 은색 파이프클리너를 잘게 잘라
병에 넣고 흔들어 보아가며
꼭 다문 입을 뾰죽이 내밀고
서툰 가위질을 반복합니다
한참 지난 후에 병뚜껑을 닫으며
생그레 웃습니다

- 보세요, 반짝이볼이에요
  이렇게 흔든 다음 내려놓아요
  아름답지요?
  마음이 아플 때 보고 있으면
  괜찮아진대요
  위로가 된대요

* 2023. 9. 1. 친정엄마가 갑자기 중환자실에 입원하신 다음날
* 파이프클리너 : 철사에 반짝이를 붙여 만든 배관 청소 솔 모양의 공작 재료. 크리스마스 트리 장식 등에 쓰임

장례식의 천사들

색종이로 하트와 망원경을 접어
영정 앞에 놓아드린 증손들
여섯 살짜리 둘, 세 돌배기 하나

꽃이 많아 좋겠다며 할머니를 부러워하고
하늘 길 배웅하는 노래기도 바칠 때
지켜보다가 슬며시 옆에 앉아서
음정 박자 다 틀려도 큰 소리로
따라 부른다

날개가 돋았는지 궁금하다고,
하늘나라에서 행복하시라고
또박또박 쓴 편지에
엄마 친구가 준 배춧잎도 함께 넣고
봉투에 제 이름을 쓰기도 하고

모두가 저희를 귀여워한다며
장례식을 며칠만 더 하자 조르더니
마지막 절을 올리고 돌아설 때는
할머니만 산에 두고 갈 수 없다며
와앙왕 큰 소리로 울어버린다

손녀의 품

최옥인 왕할머니께서
지금 우리를 보고 계실까요?
내 손을 꼬옥 잡고 걷다가 묻는다
어스레한 저녁 하늘을 쳐다보면서

시들어 꼬부라진 제 나팔꽃에게
물을 흠뻑 준다
보석이도 너무 슬퍼서
할머니 따라가고 싶었나 봐요 하면서

울 엄마 품에 안긴
세 살 때 사진을 꺼내 와 거실 벽에 붙인다
생각날 때마다 보겠다면서

색종이로 하트를 접다 말고
건너다보며 우셨느냐고 묻는다
눈이 빨갛다면서

영별 후 심정을 헤아리나 싶어
여섯 살 꼬마를 꼬옥 안아주는데

펑펑 울고 싶어진다
조그마한 가슴에 얼굴을 묻고서

* 보석이 : 베란다에 있는 나팔꽃 이름. 손녀가 장난감 보석으로 꾸민 작은 화분에 씨를 심어 키운다.

봄을 기다리는 아이

나의 봄이 봄을 기다립니다
민들레 꽃자리를 자꾸 들여다봅니다
노란 꽃잎에 입 맞추며 안아보고
하늘하늘 춤추는 씨앗
호호 불어 날려주고 싶어
봄을 기다립니다

봄이 아주 멀리 있을 때부터
온 뜰을 살피며 새봄을 그리워합니다
봄처럼 밝고 환한 얼굴로
봄과 놀고 싶고 봄처럼 꽃 피우고 싶어
봄을 기다립니다

나의 봄이 봄을 기다립니다
목련나무 가지 끝을 자꾸 쳐다봅니다
하르르 흩날리는 꽃잎을 주워
보드란 살결 쓰다듬으며
마냥 안타까워할 봄을 기다립니다

나의 봄이 봄을 기다립니다
나도 봄의 봄을 기다립니다

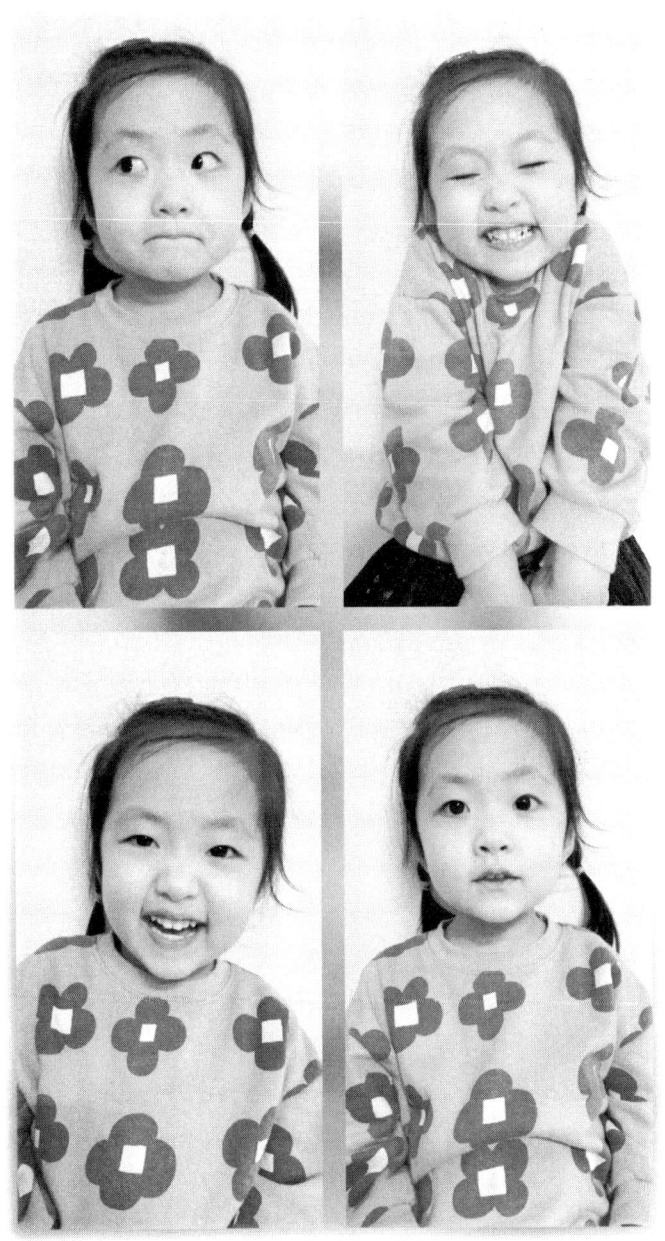

오늘부터 1학년
- 2024년 3월 4일

복수초 의젓하게 피었습니다
민들레 환하게 웃어줍니다
몽글몽글 개나리꽃 부풀고
산수유 노오란 꽃풍선이
동동동 떠다닙니다

내 병아리 종종종
새 가방 메고 학교에 갑니다
나풀나풀 노랑나비 떼 데리고
나도 따라갑니다
아침 햇살이 금빛 미소로
지켜봅니다

오늘부터 1학년입니다

받침 공부

학교에서 만들었다며
오동통한 손으로 건네주는
쪼끄만 종이책 속에
봄을 닮은 글자와 그림이 가득합니다

'낙타, 기린, 숟가락'의 ㄱ, ㄴ, ㄷ
'시나모롤, 폼폼푸린', 집'의 ㄹ, ㅁ, ㅂ
'옷, 자동차, 젖다'의 ㅅ, ㅇ, ㅈ
'꽃, 키읔, 끝'의 ㅊ, ㅋ, ㅌ
'풀숲, 쌓다'의 ㅍ, ㅎ

앙증스런 삽화도 그려 넣고
'처음엔 어려웠지만 나중엔 쉬워졌다'고
후기까지 쓴 받침공부 책
보고 또 보고 쓰다듬으며
봄의 마음을 공부합니다

* 시나모롤과 폼폼푸린 : 아이들이 좋아하는 캐릭터, 하늘을 나는 구름 강아지와 골든리트리버 강아지

비밀의 펜

난 너무 속상하다
나는 슬픔의 나라에 있다
나를 구해주고
기쁨의 나라로 보내주라

'비밀의 펜'이라 부르며
애지중지 아끼던
분홍색 펜을 잃어버리고
꼭꼭 눌러쓴 낙서를
발견한 엄마

『고양이 해결사 깜냥』이라는
아주아주 재미난 책을
한 시간 동안이나
읽어주어야 했더랍니다

부채 선물

아픈 친구를 위해 기도하다가 문득
빈 부채에 꽃 몇 송이를 그리고
캘리그라피 배운 지 얼마 안 되어
붓끝이 파들파들 떨리지만
마음을 다하여 글씨를 쓴다

누군가 널 위해 기도하고
주님께서 너를 지키신다

뭐 하시냐, 물어보던 뽀시래기
새 부채 하나만 달라 하더니
쓱쓱쓱 십자가와 하트를 그리고
휘리릭 글자까지 써서 내밀며
이건 할머니 가지시란다

예수님은 너를 좋아해
너를 사랑해

감자 농사

싹이 돋은 감자 한 알을 잘라
화분에 심고 흙을 꼭꼭 다지며
동글동글한 감자를 캐서
찌고 조리고 전 부쳐 먹자고
손가락을 걸었는데
쑥쑥 커서 한바탕 꽃만 피우고
그만 말라버린 잎과 줄기를 만져보고
녹아버린 뿌리도 살펴보는 꼬마 농부

괜찮아
괜찮아

저 혼자 옹알거리다 말고
덥석 하무니를 안아줍니다
다시 심어 잘 키우면 된다면서
다음번엔 감자가
많이많이 달릴 거라면서

포롱포롱 포로롱

종다리 미끄럼 타며
비비종비뱃종 노래한다
꺄르륵 웃으며 포로롱 날아들면
노(老)고지리 두 팔 활짝 벌린다

종다리 그네에서 빙글뱅글 맴돌다
하늘 보며 눈짓하면
노고지리 조르르 달려가
높이 솟으라 힘껏 밀어준다

포롱포롱 가볍게 솟아
포롱포롱 포로롱 높이 날아라

종다리 정글짐에 매달려 뒤돌아보면
노고지리 뽀르르 달려가
머리를 들이밀며 죽지를 내준다
온 힘을 다해 받쳐준다

포롱포롱 가볍게 올라
포롱포롱 포로롱 마음껏 날아라

능소화나무 곁에서

어디든 손잡고 다녔는데
꼭 잡은 손을 풀지 않았는데
오늘은 아파트 입구 담장에 기대선
능소화나무 곁에서 손을 놓으며
여기서부터 혼자 간단다

집에 가서 메일로 알려줄 테니
할머니도 그만 가시란다
걱정 말라며 안녕, 안녀엉 손 흔들고
쌔앵 날아가버리는 종달새를
눈으로만 따라간다

며칠 전 집 비밀번호를 외운다며
엘리베이터에 혼자 타면서
집에 가서 전화할 때까지
꼬옥 1층에서 기다리라 했을 때는
그저 신통하기만 했는데
이렇게나 빨리 커버릴 줄이야…

문득 툭툭 떨어져 눕는 꽃과

눈을 맞춰보지만
쓸쓸한 저 꽃은 이 마음 아랑곳없이
구름 흐르는 하늘만 우러른다

애착인형 잠잠이

토끼 같은 손녀를 기다리며
연분홍 토끼 인형을 만드느라
시큰시큰 가물거리는 눈을 부릅뜨고
꼬박 사흘 품을 들일 때
난 몰랐어

두 바퀴 돌려가며
촘촘히 박음질한 몸판 속에
몽글몽글한 구름솜 비벼 넣고
잔꽃 무늬 두 귀를 꿰매고 단추 눈 달고
한 땀 한 땀 찬찬히
코와 입을 수놓을 때도
'LOVE'를 새긴 하트 모양 쿠션을
가슴에 안겨줄 때도
너를 안고 네 귀를 졸졸 빨며 방글거리는
쪼꼬미를 어르며
너를 질투할 때도 몰랐는데

7년 지난 어느 날 문득
이제부터 할머니가 잠잠이를 돌보시라는 말

듣게 될 줄
잠잠아 너는 혹시 짐작하고 있었니?
네가 밤마다 내 품에 안겨
나와 함께 기도하다 잠들게 될 줄
꿈에라도 알고 있었니?

생각해 보니

생각해 보니
너는 나의 스승이구나

내 작은 토끼, 종달새야
너라는 유치원에서
참 많은 것을 배웠구나
할머니가 갖춰야 할 모든 것을
하나하나 익혔구나

네가 나를 찾아와
오직 사랑과 인내로 돌보며
차근차근 가르쳤구나
무구한 순수, 해맑은 동심을
넘치게 채워주었구나

생각하고 또 생각해 봐도
너는 나의 큰 스승
네가 준 사랑으로 충만해진 내가
나는 좋구나
동심으로 가득 찬 지금의 내가
참 좋구나

6부
아기 손님 지안이 ~ 따듯한 편지

아기 손님 지안이

무척 더운 여름날 찾아온
아기 손님이
사랑 속에 쑥쑥 자라
여섯 살이 되었어요

분홍과 보라를 좋아하고
무지개랑 유니콘, 고양이도 좋아요
책 읽기, 종이접기, 그림 그리기도 매일 하지만
피아노랑 스토리텔링,
춤추고 노래하는 것도 재미있어요
태권도 발차기를 아주 씩씩하게 하고
줄넘기대회에 나가서
상을 두 번 탔어요

콩당콩당 가슴 뛰는 게 너무 좋아서
할아버지랑 숨바꼭질할 때
한 번만, 꼭 한 번만 더 하자고 조르고
아빠 손잡고 도서관에 가거나
엄마 품에 안겨 잠들 때는
싱글벙글 웃는 아이

〈
지혜 지(智), 언덕 안(岸) 쓰는
우리 집 쪼꼬미랍니다

증조할머니께
- 최옥인 왕할머니

지안이가 할머니를 위해
색종이로 하트를 접고
하늘길 노래기도도
열심히 불렀어요

할머니 날개는 돋으셨나요?

하늘나라에서
행복하게 지내세요

기쁨

엄마가 생일선물을
주셨다
너무너무 기뻤다
나도 엄마에게
선물을 드리고 싶다
엄마도 기뻐하시게

* 2023. 7. 인사이드아웃 동영상 시청 후

시

있었던 일과
없었던 일을 합쳐서
시를 쓴다

시는 재미있다

나는 시를 쓰면
행복해진다

* 6세 동그라미 유치원 아름반 / 2023. 11.23 쏨

고사리나물

고사리는 너무 맛있다
쫄깃쫄깃하고 고소하다
한 접시 혼자 먹어도
또 먹고 싶어진다
자꾸자꾸
먹고 싶어진다

* 2023.11.25

행복

엄마가 안아줄 때 기쁘고
선물을 받을 때도
기쁘다

기쁨이 쌓여 행복이 된다

* 2023. 11. 27.

친구

친구가 좋다
친구는 항상 곁에 있다
친구랑 노는 건 즐겁다
단짝친구랑 노는 건
더 재미있다
속상할 때 위로해주는
친구가 있어서
참 좋다

졸업

초등학교 입학은 기다려지는데
졸업식이 다가오는 건 싫다

졸업이라는 말은
듣기만 해도 눈물이 나고
가슴이 아프다

졸업식 노래를 연습할 때마다
눈물이 난다

* 6세, 동그라미 유치원 아름반, 2024. 2. 8.

따뜻한 편지

선생님께서
며칠 후면 졸업이에요 하시고
우리들에게 쓰신 편지를
읽어주셨다
읽다가 눈물을 닦으셨다
나도 눈물이 났고
친구들도 울었다
음, 음, 소리 나지 않게
손을 입에 대고 울었다
참아도 눈물이 계속 흘렀는데
마음이 참 따뜻했다

작품해설

시심 훈련을 통한 시힘의 극대화

김순진(문학평론가 · 한국문인협회 이사)

작품해설

시심 훈련을 통한 시힘의 극대화

김 순 진

1. 들어가는 말

 시창작에 있어 시심이란 즐거운 내 마음을 표현하자는 것이 아니라, 상대방을 바라보며 즐겁게 살자는 뜻이다. 내 마음을 통해서 상대방에게 선한 영향력을 끼치자는 거룩한 이야기가 아니라, 상대방의 선한 영향력을 통해서 내 삶의 기쁨을 얻자는 소소한 이야기다. 그리하여 큰 장마가 오기 전에 개미가 이사 가는 뜻을 알아차리는 것이다. 가재가 허물을 벗고 물렁물렁한 살로 견디는 것은 더욱 크고 단단한 손가락을 가질 수 있을 것이라는 꿈이 있기 때문이라는 것을 알아차리는 것이다. 나무가 제 살을 찢고 새싹을 내밀 때 엄청난 아픔이 있을 거라는 걸 알고 나무를 위로하는 일이다. 길거리에서 무려 오십억 년이나 구르며 살아온 조약돌 님의 생존법을 배우는 일이다. 바람의 냄새와 온기를 느껴 봄이 오고 있음을 알아차려 가볍고 발랄한 색 옷을 입고, 가을이 가고 있음을 알아차려 두툼한 무채색 옷을 입을 줄 아는 지혜를 배우는 일이다. 아래로 아래로 흘러가면서 작은 웅덩이는 작게 채우고 큰 웅덩이는 크게 채우는 상선약수의 슬기를 깨닫는 것이 시심이다. 결국 시심이란 내 마음을 읽는다는 뜻이 아니라, 상대방 마음을 읽는다는 뜻이다.

그런 시심의 거듭된 훈련을 통해 시의 힘이 생긴다. 즉 시힘은 칼을 숨긴 듯, 삼손이나 헤라클라스의 힘을 가진 듯 우람하지 않다. 시힘을 기르면 마음의 근육이 발달한다. 마음의 근육은 우락부락, 울퉁불퉁하게 발달하지 않는다. 마음의 군육은 아주 부드러운 미소로, 온화한 마음씨로, 봉사와 배려의 정신으로 발달한다. 시의 힘은 겨우내 얼었던 땅을 밀고 올라오는 새싹의 힘이다. 극도의 목마름을 이기고 바위틈에서 자라나는 소나무의 힘이다. 해바라기가 샛노랗고 큰 꽃잎을 매달아 야시시하게 흔들며 긴 키로 서 있는 것은 익혀야 할 씨앗이 많기 때문에 벌 나비가 더욱 많이 필요하다는 것을 스스로 알아차린 아름다운 수고의 힘이다. 시힘이란 시가 스스로 힘을 낸다는 뜻이 아니다. 시를 통해 내 삶이 윤택해진다는 뜻이다.

김미자 시인은 손녀딸 지안이의 탄생과 성장 과정을 통해 시심을 기르고 마침내 시힘을 얻는 과정이 이 시집에 드러나 있다. 지안이를 그윽하고 사랑스러운 눈으로 바라보며 지난 8년 동안 지속적으로 해온 과정 속에서 그녀에겐 세상을 아름답게 바라볼 수 있는 시힘이 생겼다. 그래서 그녀의 얼굴에는 지극히 온화한 미소가 드리워져 있다. 이는 오랜 시간 동안 시심을 연마해온 사람들에게서 나타나는 진정한 시힘이며, 나는 이 시집을 통해 시심을 수련한 사람의 시힘을 '아이러니와 패러독스, 자연 모방, 삶의 동화' 등 세 가지 방향으로 바라보고자 한다.

그럼 이쯤에서 김미자 시인의 시 몇 수를 읽어보자.

2. 아이러니와 패러독스 통한 시의 발현

요렇게 예쁜 아가가
누구를 닮았는지 알아보는 시간
두근두근하며 발표를 기다리는데

양가 할부지들이 공동우승을 하고
우수상은 이민호 함무니 차지
아차상은 엄마 특별상은 호빵맨인데
열 달 내내 바라지한 나는
예선탈락이라니

쑥쑥아 하무니한테 이러기양?
어떻게 이럴 수가 있엉?
끌어안고 주절주절 푸념하려다가
뽀뽀만 백 번 하고 말았네

아무려나 내 품에 안겨 있는
둥개둥개 예쁜 아가야
튼튼하고 씩씩하게 자라다오
착하고 아름답고 슬기로운
사람이 되어다오

- 「예선탈락」 전문

 아이러니라는 말을 우리 말로 바꾸자면 반어법 같은 것이다. 아이러니에는 여러 가지 방법이 있다. 첫 번째로 언어적 아이러니스. 약속 시간에 지각한 사람에게 "빨리도 오는군"이라 말했을 때, 우리는 이를 언어적 아이러니라 풀이할 수 있다. 두 번째로 상황적 아이러니는 "밤손님 납시었다" 같은 말로 도둑을 손님이라 부르는 것처럼 상황을 바꿔 말하는 것이다. 세 번째로 구조적 아이러니는 소설이나 희곡 등에서 자주 쓰이는 아이러니로, 주인공을 지극히 핍박하여 일을 해결하고 주인공이 성공해가는 과정을 통해 성취감을 맛보게 하는 것이다. 고전적 아이러니란 코미디에서 구봉서가 배삼룡의 따귀를 때린다거나 엉덩이를 밀어서 웃게 만드는 방식 등인데, 억지 웃음을 유발하는 아이러니는 요즘 많이

자제된 상태다. 아이가 태어난다는 것은 집안의 대단한 경사다. 나도 손녀딸이 있지만, 외손녀딸이 태어날 때 그 감정은 정말 특별한 것이었다. 온 세상의 꽃과 온 세상의 새싹과 온 세상의 아름다움을 통틀어 그렇게 예쁜 느낌을 가진 적은 없었다. 그리고 그 마음은 지금도 지속되고 있다. 손녀딸은 강보에 싸여 누워있고, 가족들은 새로 태어난 지안이를 보며 서로 누구를 닮았다며 경쟁한다. 그 과정 속에서 김미자 할머니는 "양가 할부지들이 공동우승을 하고"라며 우승의 공을 양보한다. 그리고 "우수상은 이민호 함무니 차지"라고 사돈댁에게 양보하게 된다. 보통의 내공이라면 그 정도에서 하나 쯤 상을 스스로 거머쥘 만도 한데, "아차상은 엄마, 특별상은 호빵맨"으로 결론지으며 "열 달 내내 바라지한" 자신을 "예선탈락"시키지만, 거기엔 다 이유가 있다. 김미자 시인 자신이 날마다 지안이를 돌볼 특별한 권한을 가졌으니, 누굴 닮았다는 말씀은 양보해도 된다는 아이러니로 이 시에는 전혀 탈락하지 않았음에도 '예선탈락'이라는 제목을 붙인 언어적 아이러니와 자기가 가장 혜택을 많이 받은 수혜자임을 은근히 드러낸 상황적 아이러니라 할 수 있다.

> 아기 의자는 불편하다며
> 할미 무릎 위에 냉큼 올라앉아
> 부비부비 곰살궂게 굴며

아침 맘마를 먹여달라더니
이것은 비밀이래요

두 팔을 힘껏 치켜들며
지안이가 이마안큼 커서
여섯 살 일곱 살 열한 살이 되어도
하무니한테는 아기니까
저녁 맘마도 먹여달라며
이것도 둘만의 비밀이래요

이모보다 더 커져도
하무니의 아기냐고 물어보더니
하무니보다 더 커지면
그때는 제가 맘마를 먹여줄 테니
꼭꼭 비밀을 지켜달래요

손가락 걸고 도장 찍고
손바닥 마주 대고 복사까지 했지요
엄마가 알게 되면
버릇없는 아기가 되고
엉터리 할미가 되고 말 테니까요

—「대단한 비밀」전문

 이 세상에 비밀은 없다. 특히 가까운 사람에게 "이거 비밀인데 아무한테도 말하면 안 돼"라며 이야기를 하면, 그 사람은 "이거 비밀인데, 그 사람이 아무한테도 말하지 말라고 한 걸 너한테만 말해주는 거야."라는 설명과 함께 그 비밀이 퍼져나가게 되어 있다. 정말 말도 안 되는 패러독스다. 발설해서는 안 될 비밀이라면 "말하면 안 된다"는 말은 자기 스스로가 먼저 지켜야 하는 것이다. 신라 48대 왕인 경문왕은 남들보다 귀가 컸다고 한다. 그의 귀는 원래 컸던 것이 아니라 왕위에 오르고 나서 나귀의 귀처럼 커졌는데, 경문왕은 신하들에게 이를 발설하지 못하도록 하였다. 이를 본 신하 복두쟁이는 가족들에게 조차 말하지 못하게 하는 임금의 어명에 그만 병이 날 정도였는데, 하루는 너무 힘든 나머지 대밭을 향해 외치자, 그 뒤부터 바람이 불면 대밭에서 '임금님 귀는 당나귀 귀'라는 소리가 났다는 전설적인 이야기이다. 이 이야기는 원래 우리나라뿐만 아니라 동서양에 두루 내려오던 이야기다. 그리스 신화의 내용 중 하나이며 또한 그리스의 마케도니아 왕국 때부터 전해져오는 이야기로 유럽과 페르시아(현재의 이란) 지역에서도 널리 퍼진 이야기이기도 하다. 그리스의 영향을 받은 구 유고슬라비아 국가들에도 비슷한 민화가 있다. 페르시아 책인 『이스칸다르나메』(알렉산드로스의 책)에 「귀가 긴 이스칸다르(알렉산드로스 대왕)」 이야기로도 수록되어 있는데, 여기서는 우물에 이발사가 소리지르고 소문이 나지만, 왕이 "이런, 역시 소문은 어쩔 수 없구나"라며 깨달음을 얻고 그냥 살려주었다고 전해진다.(자료 출처 : 나무위키). 이 시에서 할머니가 아기에게 밥을 먹여준다는 것은 매우 평범한 이야기로, 절대 비밀이 될 수 없다. 그러나 조금 성장한 손녀딸 지안이는 할머니 무릎에서 밥을 받아먹는 것이 조금 부끄러웠을 것이다. 그래서 손녀딸 지안이는 "할머니 내가 할머니 무릎에서 밥 먹은 거 아무한테도 말하면 안 돼."와 같은 비밀 아닌 비밀을 생산해 할머니 김미자 시인에게 함구를 강요했을 것이고, 그 비밀이 시로 탄생했으니, 지안이와 할머니 사이에서의 비밀이 만천하에 드러난 것이며, 이는 패러독스라 할 수 있다.

3. 자연 모방을 통한 시의 발현

너를 기다리며 너를 생각하면
새하얀 낮달
두둥실 떠오르고
아롱별, 꽃별 춤추며 흐른다
두둥두둥 가슴속 북이 뛰놀고
민들레, 제비꽃, 채송화, 나팔꽃
도담도담 피어나
방글거린다

우다다다 네가 달려와 안기면
하늘 채우며 뜨는
쌍무지개
빨주노초파남보 새뜻한 빛으로

네 생의 미래를 색칠한다
보남파초노주빨 보드레한 붓질로
내 생의 오후를 향기로 물들인다

날마다 뜨는 무지개
덥석 껴안고
둥개둥개 무량한 사랑을
춤춘다

- 「오후에 뜨는 무지개」 전문

  보통 무지개는 비가 온 뒤 해가 났을 때 뜬다. 일종의 빛의 굴절현상이다. 어릴 적 프리즘이란 유리로 된 도구를 통해 태양을 바라본 적이 있다. 그 도구는 삼각기둥 모양으로 유리로 만들어져 있었는데, 그걸 통해서 태양을 바라보면 빛이 굴절되어 무지갯빛 현란한 색깔들을 볼 수 있어서 무척이나 신기해했던 일이 있다. 무지개도 같은 이치로 생긴다. 방금 비가 갠 후 하늘에는 수많은 물방울들이 날아다니고, 그 물방울군을 통과한 햇빛이 굴절되어 무지개로 보이는 현상이다. 때문에 무지개는 사람의 시야로 바라볼 때 각도가 좁고 멀리 펼쳐지는 거리에서 잘 보이는데, 대략 오전 10전후나 오후 5시 전후에 잘 보인다. 햇빛이 물방울에 굴절되고 그 현상이 우리의 눈으로 다가오기 위해서는 일정한 각도가 있어야 하는 것이다. 나는 일찍이 무지개가 땅 위에는 반원형으로로 나타나고, 나머지 반원형의 무지개가 땅에 박히면서 땅 속에는 다이어몬드, 루비, 사파이어, 에메랄드, 오팔, 진주, 수정 등의 각종 보석이 생긴다는 주장을 폈다. 말하자면 빛이 땅으로 스며들어가 보석이 되었다는 말이다. 내 주장이 타당한지는 모르겠으나, 나는 적어도 시적인 상상력으로는 그럴 수 있다는 주장을 편다. 굴절이란 빛이 통과할 때 생기는 현상이다. 무지개 현상이 그렇듯, 젓가락을 물이 든 유리컵 안에 넣어 놨을 때 마치 젓가락이 구부러진 듯 보이는 현상도 굴절이다. 말하자면 굴절이란 빛이 통과할 때의 현상으로, 빛이란 꿈, 광명, 희망 등으로 풀이할 수 있는 말이다. 꿈, 광명, 희망 등의 빛, 즉 내 마음이 손녀딸이란 프리즘을 통과할 때 내 마음에 무지개가 뜨는 것이다. 그런 것처럼 김미자 시인에게도 날마다 무지개가 뜬다. 손녀딸 지안이는 김미자 시인의 집안에 긴 가뭄 끝의 단비 같은 존재였고, 무지개였을 것이다. 아마도 김미자 시인에게 날마다 무지개가 뜨는 시간은 손녀딸이 유치원에 갔다 올 시간인 오후일 것 같다. 손녀를 데리러 나가는 시간인 오후 2, 3시는 김미자 시인의 마음이 손녀에게 온전히 젖어 있을 시간이고, 그때쯤 유치원 버스에서 내린 손녀를 바라볼 때 그녀의 마음은 무지갯빛으로 굴절될 것 같다.

노랑 곰돌이 차에서 내려

품속에 뛰어들다 말고
저기저어기 커다란 나무에
하얀 꽃이 많이마아니 피었다며
손을 잡아끌더라고요

눈부신 꽃그늘에서
올해는 지안이 덕분에
좋아하는 꽃을 많이 보게 되어
자꾸 웃음이 난다고 했더니
꽃잎을 줍다 말고
살랑살랑 나비춤을 추면서
저도 하무니를 닮아서
목련꽃이 좋다고 했는데

새하얀 꽃잎을 엄마에게 보여주고
엄마도 목련을 좋아한다는 말에 냉큼
엄마 목을 끌어안고 웃으며 글쎄
요렇게 지저귀더라고요

지안이가 엄마를 닮았네요오!

- 「하얀 목련」 전문

정말 온전히 마음을 다해 부르는 세레나데다. 김미자 할머니는 이 세상 모든 것을 지안이라는 프리즘을 통해서만 바라본다. 하얀 목련은 지극히 평범한 소재다. 그렇지만 지안이를 통해 바라볼 때는 완전히 다른 현상으로 나타날 수 있다. 하얀 목련의 꽃말은 '순수한 마음',

또는 '고귀하고 당당함'이다. 김미자 시인에게 손녀딸 지안이는 순수한 마음으로 읽힐 것이다. 고귀하고 당당하게 자라기를 바라는 마음으로 읽힐 것이다. 김미자 할머니가 손녀딸 지안이에게 향하는 마음이 어찌 하얀 목련뿐이랴, 풀잎 하나도, 꽃잎 하나도, 구르는 돌 하나도, 새 한 마리도 모두 지안이에게는 세레나데의 언어로 보일 것이다. 그 작은 손으로 가리키는 식물들, 그 작은 입으로 부르는 동물들, 그 작은 눈으로 바라보는 현상들…, 이 세상에 처음 보는 나무와 꽃과 풀 등 식물들은 모두 지안이를 위한 도구이며, 이 세상에 존재하는 모든 새와 토끼와 고양이와 강아지 등 동물들은 지안이를 위한 축복의 이름이다. 이 세상에 존재하는 바람과 햇빛과 무지개와 구름과 밤과 낮 등 모든 현상은 지안이가 성장하기 위한 조건들이다. 때문에 김미자 시인은 하얀 목련을 보아도, 개나리, 진달래, 장미, 단풍잎을 보아도 지안이를 생각하며 시가 머릿속에 떠오를 것이다. 길을 걸어도, 강물이 흘러도, 구름이 떠가도, 새가 날아도 지안이 생각뿐인 할머니…, 이럴 때 지안이 할머니는 "해가 떠도 지안, 달이 떠도 지안, 지안이가 최고야, 맞아 맞아 지안이가 최고야"라는 노래를 부를 것이다.

4. 삶의 동화를 통한 시의 발현

　　하지랑 숨바꼭질하느라
　　꺄아악 꺅꺅

숨넘어가다 말고
우와앙 터지는 울음소리
왼손 새끼손가락 치켜들며
소파에 부딪혔답니다

약바르고 호오호 불어도
불룩하게 부어올라
엑스레이 찍으러 가자 하니
그렁그렁한 눈물을 쓰윽 지우고는
두 눈을 반짝입니다
책에서 공룡 뼈를 볼 때마다
제것은 어떤지
어엄청 궁금했다면서요

사진 찍고 깁스하려고
두 시간 넘게 기다려야 했지만
조금도 지루하지 않다 하더니

보름째 붕대를 감고 있지만
작고 귀여운 뼈가 쉬고 있다며
하나도 조금도
불편하지 않답니다

-「엑스레이」전문

'사느니 고통이다'라는 말이 있다. 산다는 것은 결국 고통의 연속이다. 아기가 태어나면 바로 예방주사를 맞기 시작해 인간은 평생 예방주사를 맞으며 살아야 한다.

갓난 아기에게 출생 후 12시간 이내에 '1차 B형간염' 주사를 맞혀야 하고, 생후 1개월 이내에 BCG 백신 주사를 맞아야 한다니 정말 산다는 것은 태어나서부터 고통의 시작인가보다. 그 이후로도 뇌수막염, 로타바이러스, 폐렴구균, 인플루엔자, 수도, 홍역, 볼거리, 풍진 등 수없이 많은 예방접종을 맞혀주어야 하며, 우두, 불주사라 불리던 장티푸스 예방접종을 비롯해 감기에 걸리거나 열이 나면 수시로 주사를 맞아야 하니, 사람은 고통과 떼려야 뗄 수 없는 사이인 것 같다. 그것은 성장기 때만 겪는 고통이고, 살다 보면 크고 작은 수술을 하게 되는 경우가 생기니, 정말 '사느니 고통이다'라는 말이 피부에 와 닿는다. 이 시에서 지안이가 할아버지와 놀다가 모서리에 부딪혀 왼손 손가락이 골절되었나 보다. 어린 아이게 주사를 맞는 것도 힘들고 무서운 일일진대, 깁스를 하고 보름을 넘게 견뎌야 한다는 사실은 정말 어려울 수도 있다. 그렇지만 그 조그마한 숙녀는 "보름째 붕대를 감고 있지만 / 작고 귀여운 뼈가 쉬고 있다며 / 하나도 조금도 / 불편하지 않"다고 하니 정말 옆에서 시를 읽는 사람으로도 대견하기 이를 데 없는데 할머니의 마음은 얼마나 짠하고 대견스러울까 기늠이 간다.

    하원길에 태권도장에서 한바탕 뛰고도 기운이 남은 여섯 살 쪼꼬미 놀이터에서 물풍선 만들고 터뜨리느라 옷을

다 적시고야 집에 가잔다

 손발을 씻고 소파에서 TV 동영상을 고르며 오늘도 계란 두 개에 소금 치는 것 잊지 마시란다 그럼, 그럼, 누구 말씀이시라고! 서둘러 만든 스크램블 에그와 채소를 오목 접시에 담고 찬 우유팩을 홀더에 꽂아 바친다 새로 세탁해 보송보송한 방석에 우유 엎지르지 말라는 부탁과 함께

 잠시 숨 돌리고 과일과 치즈를 담은 두 번째 접시를 대령하는데 방석이 살짝 젖어 있다 하무니 부탁을 잊어버렸나요오 묻는 목소리에 살짝 힘이 들어갔나 하는 순간 고동그란 눈을 세모로 치뜨고 볼멘소리를 한다 제가 안 그랬는데요 자세히 보니 온도 차(差)로 우유팩에 맺힌 이슬이 흐른 자국이다 아차차 오해해서 미안하다 얼른 사과하고는 초콜릿 바를 서비스하니 사르르 웃으며 옆에 앉으시란다

 그랬는데 그랬는데 침대에 누워서 엄마 귀에 조잘조잘 젖은 방석 건을 고하고는 이런 게 바로 까마귀 날자 배 떨어진 거지요오 하더란다 하야, 품안의 병아리가 언제 이리 커버렸나! 되레 가슴에 송송 구멍이 난다

—「오비이락(烏飛梨落)」 전문

 '할머니는 아무리 잘해줘도 엄마만 못하다'는 말은 이 세상 모든 할머니들이 인정을 하면서도 분개하는 말이다. 사실 할머니들은 엄마보다 더 많은 사랑을 줄 수 있다. 요즘 대부분의 엄마들은 직장에 나가기 때문에

손자손녀들 돌보는 몫은 할머니한테로 돌아간다. '애는 잘 봐줘야 본전이다.'라는 말이 있다. 하루종일 잘 놀다가도 모서리에 부딪쳐 조금이라도 상처가 나게 되면 마치 할머니가 일부러 그런 것처럼 어미들은 할머니를 닦달한다. 나는 어미를 특별한 위생 개념 없이 마른 오징어를 씹어서 꺼내 먹이며 길렀는데, 어미는 내가 손을 씻고 오기 전이나, 살균소독 스프레이를 뿌리기 전에는 손녀를 만져보지도 못하게 한다. 물론 지금의 상황이 어린아이에게는 더 좋은 줄은 우리도 다 안다. 그렇지만 차에서 내려 저만치 달려오는 손녀딸을 '지안아'라며 안아보고 싶은 것은 이 세상 모든 할머니 할아버지의 소망이 아닌가? 언제 집에 들어가서 손 씻고 소독제 바르고 나와 손자 손녀를 안아본단 말인가? 차에서 뛰어내려 눈에 비치며 '할아버지'하고 안겨드는 손녀딸을 무시하고 화장실에 들어가 손을 씻고 나와 소독제를 바르고 안아야 하는 현시대의 위생관념에는 조금 고개가 저어진다. 태권도 도장에서 기다리고 있다가 데려와 놀이터에서 물풍선 놀이를 하느라 기다리고, 집에 들어와서는 스크램블 에그와 채소에 찬 우유를 준비해준 할머니에게 감사하기보다는 우유병에서 생긴 결로를 방석을 적신 것으로 착각한 할머니를 제 어미한테 일러바치는 지안이다. 그러나 할머니는 안다. 그 아이가 할머니가 미워서 그렇게 고해바치는 것이 아니라, 그냥 하루의 일상을 말한 것뿐이라는 것을….

이상에서처럼 김미자 시인의 시 6편을 읽어보면서 김미자 시인의 시 세계를 여행해보았다. 김미자 시인이 이번 두 번째 시집은 오직 '지안의, 지안을 위한, 그리고 지안에 의한, 즉 of the zian, by the zian, and for the zian'의 시였다. 예술에는 판타지라는 기법이 있다. 판타지 기법은 상상력과 창의성을 바탕으로 현실의 제약을 넘어선 세계와 인물을 창조하는 다양한 창작 및 표현 방식을 의미한다. 심상 기법, 영화·스토리텔링 기법, 캐릭터 디자인 기법 등이 그것인데 판타지란 상상력과 창의성 중시하는 기법이다. 사건을 자유롭게 자신이 상상대로 구상하며 생각의 몰입과 감정 전달이 자유로워서 독자가 판타지 세계에 몰입하도록 시각적 서사적 요소를 활용하기도 한다. 물론 이 시의 소재들이 지안이라는 어린 손녀를 대상으로 하는 현실세계가 주된 소재임은 틀림이 없다. 그렇지만, 세상 모든 존재가 지안이라는 어린 손녀를 통해 세상으로 발현될 때, 그 존재는 전혀 새로운 판타지적 세상으로 바뀜을 느낄 수 있었다. 하여 나는 김미자 시인의 이 시집을 읽으면서 한 편의 애니메이션 영화를 본 듯한 착각에 빠진다. 김미자 시인은 아이러니와 패러독스를 통해 시를 효과적으로 발현하고, 자연현상을 통해 시를 발현하며, 삶의 동화를 통해 시를 발현한다.

　이 시집은 이 시대의 육아를 담당하고 있는 모든 할머니들의 교과서다. 일련의 시들은 대부분 동시적 요소를 가지고 있지만, 동시에서 볼 수 없는 본격 현대시인들의 주류적 기법인 아이러니와 패러독스 등 현대시의 기법을 두루 채택하여 사용하고 있고, 일부 나이 든 시인들이 자주 사용하는 회상적 요소를 배제하고 목격한 상황을 동시간에 다양하게 노래하고 있다. 그래서 나는 이 시집을 지속적인 한 가지 주제를 통해 판타지적 기법을 사용한 다양성의 시학이라 평한다.

김미자 시집

오후에 뜨는 무지개

초판발행일 2025년 11월 25일

지은이 : 김미자
펴낸곳 : 도서출판 문학공원
발행인 : 김순진
편집장 : 전하라
디자인 : 김초롱
등록 : 2004년 3월 9일 제6-706호
주소 : (우편번호 03382)서울 은평구 통일로 633
        녹번오피스텔 501동 302호 스토리문학사
전화 : 02-2234-1666
팩스 : 02-2236-1666
홈페이지 : https://blog.naver.com/ksj5562
이메일 : 4615562@hanmail.net

※ 잘못된 책은 교환해 드립니다.
※ 책값은 뒤표지에 있습니다.